Otfried Reinke

Gott

2. Auflage © 2019 Otfried Reinke
Einbandgestaltung (unter Verwendung einer Zeichnung von Christoph Kühne) und Druckvorlage: Jörg Scholz
Herstellung und Verlag: Books on Demand, Norderstedt
ISBN: 9783739215969

Otfried Reinke

Gott

herausgegeben von Christoph Kühne

Für Katharina
und
für Stephan

Inhalt

Vorwort des Herausgebers 7

Vorbemerkung 9

1. Gemeinsamer Ausgangspunkt 11

2. »Gott« als Gattungsbegriff 15

3. Gott über den Göttern 21

4. Die Außerweltlichkeit und Unbegreiflichkeit
   Gottes als Fundament des Glaubens
   und als Quelle des Zweifels 27

5. Trinitätslehre. Mühsame Versuche
   zu bleibenden Geheimnissen 37

6. Gott und das Sein 49
   a. Gottesbeweise 50
   b. Die Grenzen des Denkbaren 53
   c. Das Bild einer harmonischen Welt: Spinoza 57
   d. Hegel: Das Absolute wird geschichtlich 60

7. Was ist verlässlich?
   Gott suchen – finden – leugnen 67
   a. Augustinus: Das unruhige Herz 68
   b. Feuerbach: Was ist der Glaube und was
      ist Gott? Atheismus als Selbstermutigung 72
   c. Nietzsche: Wie konnte Gott sterben? 76

d. Freud: Frei werden von Gott	80
e. Jung und Frankl: Frei werden mit Gott?	84
f. Die Frage nach dem Sinn und der Zielsetzung	87
8. Das Innere des Glaubens	89
a. »Worauf soll der Glaube ruhn?«	90
b. Sprechen von Gott, sprechen mit Gott, sprechen …	98
c. Geheimnis des Glaubens und die Dimension des Gebetes	104
9. Nicht mehr von Gott reden, damit wir wieder miteinander reden können?	109
a. In Kirche und Theologie	110
b. In der Philosophie	115
c. Also doch: Reden mit Gott	120
10. Streit um Gott?	125
Personenregister	135
Bibelstellenverzeichnis	137

Vorwort des Herausgebers
zur überarbeiteten 2. Auflage

Wer wird sich für dieses Buch in seiner 2. Auflage interessieren? Menschen, die an Gott zweifeln oder verzweifeln und neue Gründe suchen, sich auf Gott einzulassen? Oder Menschen, die zwar im Glauben stehen, denen aber dennoch der kirchliche Glauben zu wenig ist? Oder vielleicht Gottesleugner, die sich mit der Frage befassen: „Was glaubt eigentlich einer, der nicht an Gott glaubt?" (Wir erwähnen in diesem Buch den berühmten Dialog zwischen dem Schriftsteller Umberto Eco und dem Mailänder Erzbischof Carlo Maria Martini, Seite 10.)
Der evangelische Pfarrer Otfried Reinke hatte diese drei Positionen vor Augen, als er sein Buch schrieb. Daher finden wir theologische, philosophische und auch naturwissenschaftliche Gedanken zu Gott. Es ist ein Gespräch mit diesen Autoren – und auch mit dem Leser, der sich mit Gott befasst.
Haben wir Gott heute nötig? Diese Frage stellte schon Søren Kierkegaard (Seite 116). Mir scheint, Gott spielt heute sowohl in Ablehnung und Leugnung wie auch in Lobpreis und Glauben eine große Rolle – und dies im Christentum wie in anderen Religionen. Wir kommen um GOTT nicht herum. Und vielleicht erweisen die Gottesleugner den Gottgläubenden einen guten Dienst, indem sie kritische Fragen stellen und Zweifel säen. GOTT lässt sich – allen Gottesbeweisen zum Trotz! – nicht festlegen, definieren oder „haben".
Unser Buch ist eine Einladung, sich auf den Weg zu GOTT zu begeben. Oder kommt uns GOTT vielleicht

entgegen? Vielleicht in einer Gestalt, die wir noch gar nicht kennen? Mit Äußerungen, die wir noch nicht gehört haben? Grundlage dieser Gedanken sind die Anmerkungen des jüdischen Religionsphilosophen Martin Buber zur Erscheinung Gottes im brennenden Dornbusch Mose gegenüber (2 Mose 3,14). Er schreibt: „Sie (die Israeliten; Anm. des Hrg.) brauchen, genau wie der zaghafte Führer selbst (Mose; Anm. des Hrg.), eine Versicherung des Bei-ihnen-Seins Gottes ... Das Volk meint, Mose würde wissen wollen, wie sie in ihren Nöten den Gott mit seinem Namensgeheimnis, wie man in Ägypten glaubte, beschwören könnten; Gott antwortet, sie brauchten ihn ja gar nicht herbeizubeschwören, denn er werde ja bei Mose dasein, werde bei ihnen sein. Aber er fügt hinzu, sie könnten ihn auch gar nicht beschwören, denn er werde den Menschen nicht in der Erscheinungsform gegenwärtig, die sei sich wünschen, sondern je und je in der von ihm selber für diese bestimmte Lebenssituation seiner Menschen gewollten: „als der ich dasein werde" oder 'wie ich (eben) dasein werde.'" (Martin Buber in: Otfried Reinke, Ewigkeit, 2019^2, S. 79)

Gott bleibt frag-würdig – für die Skeptiker, die Glaubenden und die Suchenden. Darum haben wir dieses Buch in einer 2. und überarbeiteten Auflage herausgegeben.

Christoph Kühne

Vorbemerkung

Der kurze und inhaltsschwere Buchtitel Gott taucht in letzter Zeit ungewöhnlich oft auf. Fast wie der Ball beim Tennisspiel wird nicht nur das Thema, sondern auch der Titel hin- und hergespielt. Dabei sind Form und Inhalt außerordentlich verschieden und voller Überraschungseffekte, wie z. B. »*Gott. Eine Biographie*« (Jack Miles 1996).

Sehr verschieden sind auch die Standorte der Autoren. Nun wäre es sicher interessant, all diese Werke und Büchlein kurz vorzustellen. Doch darauf müssen wir verzichten. Der Rahmen dieser Veröffentlichung ist dafür zu knapp bemessen. Aber eins muss doch angemerkt werden: Außer diesem hier vorliegenden Buch gibt es noch zwei, bei denen der Titel nicht als Reaktion in dem erwähnten Spiel und Widerspiel entstanden ist, sondern als notwendige Forderung in einer Buchreihe: Das war 1971 in der im Kreuz Verlag erschienenen Reihe »Themen der Theologie« von *Heinrich Ott* »*Gott*«. Er stellte darin einer »nachtheistischen Theologie« eine dialogische Gottesbeziehung entgegen.

Dann erschien im Jahr 2007 von *Gunther Wenz* der Titel »*Gott*« in seinem Werk »*Studium Systematische Theologie*«.

Und jetzt haben wir hier einen Band aus der Reihe »*Kreuz Theologie*« in der Hand. (Inzwischen vergriffen. Anm. des Hrg.). In dieser Reihe trägt jedes Buch als Titel nur ein Wort ohne Untertitel. Wäre es da vorstellbar, das Wort »Gott« auszulassen? »Theologie« meint ja im strikten Sinne das »Reden von Gott«. Nun sind zwar auch alle anderen Titelworte dieser Reihe theologische Themen; das heißt, sie sind ein Reden von Gott unter einem besonderen Aspekt, aber darüber nachzudenken, was wir mit dem Wort »Gott« sagen und meinen, bleibt unerlässlich.

Otfried Reinke

1. Gemeinsamer Ausgangspunkt

Sehr verschieden kann von Gott die Rede sein. Die Auseinandersetzung des Propheten Elia mit den Baalspriestern auf dem Karmel (1 Könige 18,20–46) endete mit einem Blutbad. Sehr viel höflicher ging der Apostel Paulus mit den Leuten in Athen auf dem Areopag um und die mit ihm (Apostelgeschichte 17,16–34).

Hier nun aber möchte ich das große Thema »Gott« überhaupt nicht kontrovers angehen, sondern von einem Standpunkt aus, den jeder einnehmen kann. Ich finde diesen Ausgangspunkt in *Martin Luthers »Großem Katechismus«*. Da heißt es: »Woran du dein Herz hängst und worauf du dich verlässest, das ist eigentlich dein Gott« (Calwer Lutherausgabe, Bd. 1, Siebenstern TB 7, 1964, S. 22). Damit ist klar, dass Luther die Gottesbeziehung nicht auf das Christentum begrenzt. Und auch die Frage nach Transzendenz und Immanenz – was immer man auch darunter versteht – bleibt offen. So ist die Gottesthematik ein anthropologisches Universale (*Gunther Wenz, »Gott«*, 2007, 20). Und die Wahl des Gottes geschieht im subjektiven Lebensvollzug. Sie könnte auch leicht wechseln. Und ob man das Wort »Gott« überhaupt verwenden will, bleibt offen. In solcher Offenheit haben 1996 *Umberto Eco* (1932-2016) und der Mailänder Erzbischof *Carlo Maria Martini* (1927-2012) einen öffentlichen Briefwechsel geführt zu der Frage *»Woran glaubt, wer nicht glaubt?«* (deutsch 1998). Im Anhang dieses Buches schreibt da der Sozialist *Claudio Martelli*: »Und wir, die wir behaupten, dass wir nicht gläubig seien, glauben wir nicht auch an etwas?« (131).

Der Philosoph *Ernst Tugendhat*, geb. 1930, will sich auf einen so offenen Gottesbegriff nicht einlassen. Für ihn ist mit »Gott« nur der »persönliche« Gott gemeint.

Für ihn gibt es ein menschliches Grundbedürfnis zu glauben. Er schreibt *(»Anthropologie statt Metaphysik«*, 2007, 139): »Menschen brauchen den Gottesbezug, aber er ist unerfüllbar«, weil ihn die intellektuelle Redlichkeit verbietet. Intellektuelle Redlichkeit bedeutet, alles zu hinterfragen bzw. hinterfragen zu lassen, weil »man nicht in einer Scheinwelt existieren will« (S. 93). Hier scheint es also so zu sein, dass die intellektuelle Redlichkeit bzw. die Wirklichkeit, die dadurch enthüllt werden soll, nach Luthers Definition zum »Gott« wird. Verworren wird allerdings die Lage dadurch, dass Luther die verschiedenen Götter, in deren Abhängigkeit sich die Menschen begeben, unterteilt in Gott und Abgötter. Und Luthers Kennzeichen für die Abgötter sind ziemlich genau diejenigen, die Tugendhat als Kennzeichen für den Glauben an den einen persönlichen Gott des Monotheismus ansieht. Denn Luther sagt: Es »machen die Heiden eigentlich ihr selbst erdachtes Wahn- und Traumbild von Gott zum Abgott und verlassen sich aufs lautere Nichts« (a. a. O. 25). Diesen Gedanken, dass auch der christliche Gott Menschengebilde sei, haben allerdings schon vor Tugendhat *Ludwig von Feuerbach* (1804–1872) und danach viele andere gehabt. Aber mit Tugendhat vertritt ihn ein gegenwärtig wirkender Philosoph, der zugleich sieht, wie schwer ein Mensch auf den Gottesbezug verzichten kann. Das wird besonders deutlich in seiner Erörterung des Phänomens der Verantwortung (a.a.O. 201ff): Verantwortung sei nur mit einem personalen Gegenüber zu praktizieren, das mich zur Rechenschaft ziehen kann.

Worin liegt nun der Unterschied zwischen Luther und Tugendhat? Gott ist nach Luther das, woran ein Mensch sein Herz hängt, also seine tiefste Sehnsucht, der Sinn seines Lebens. Dagegen ist Gott nach Tugendhat ein „menschliches Grundbedürfnis", eine Illusion, eine Projektion, die für den Menschen tröstlich ist. Bei diesem Unterschied geht es sicher um mehr als nur um eine Definitionsfrage. Und um dieses »Mehr« geht es im Grunde auf allen folgenden Seiten.

Zunächst lassen wir uns nun leiten von Luthers Unterscheidung zwischen Gott und Abgott. Wohl hat also jeder Mensch seinen Gott. Es kann aber sein, dass dieser Gott ein Abgott ist. Er ist z. B. dann ein Abgott, wenn der Mensch »wenn es ihm übel geht, nicht zu ihm hin, sondern flieht vor ihm« (a.a.O. 27). Und er ist ein Abgott, wenn er die Verkörperung einer weltimmanenten Kraft ist. Wirklich Gott ist allein der Schöpfer alles Sichtbaren und Unsichtbaren.

2. »Gott« als Gattungsbegriff

Luthers Eindeutigkeit in der Unterscheidung von Gott als dem Schöpfer und den Abgöttern als Verkörperungen der Schöpfung bestand in der vorchristlichen Welt nicht. »Es gab« »Götter«. Dabei bedeutet »es gab«, dass die wirksame Realität der Götter im Prinzip nicht angezweifelt wurde. Zur Debatte standen allerdings die Stärke und die Art ihrer jeweiligen Wirkung.

Die Definition für »Götter« ist schwerer zu finden. Im germanischen Sprachbereich ist wohl mit »Gott« gemeint: das, was angerufen wird. Damit wird aber zugleich auch der Übergang fließend zwischen Göttern, Dämonen, Ahnen, Geistern, Kobolden und geheimnisvollen Tieren. Alle diese Wörter bezeichnen Gattungen von Wesen, welche sich gegeneinander nicht klar abgrenzen lassen. Als Beispiel für diese fließenden Übergänge möchte ich an den Schlangenkult erinnern, der bis zum König *Hiskia* (um 700 v. Chr./2 Könige 18,4) im Tempel zu Jerusalem stattfand (ausführlicher dazu: Otfried Reinke, Tiere. Begleiter des Menschen in Tradition und Gegenwart. 1995, 73f). Der Kult galt dem Schlangengott »Nehuschtan« (nachasch, hebr., ist die »Schlange«) und erinnert an das apotropäische Schlangenzeichen in der Wüste (4 Mose 21,49), an das Tier, das sowohl die Lebenskraft als auch den Tod in sich trug, und vielleicht auch an die himmlischen, schlangen- und blitzartigen Seraphim.

Immer wieder haben sich Menschen – besonders in Zeiten der Kulturmüdigkeit – zurückgesehnt in diese archaische Welt voller Geheimnisse, haben sich an ihr »be-geistert«. Eine erste solche regressive Phase meint man schon in der Steinzeit feststellen zu können (Reinke, a.a.O. 69). Aber ist nicht auch das Wiederaufleben der antiken Götterwelt in der Zeit des Humanismus und der Klassik bis zu *Hölderlin* und *Heidegger*, die von Gott mit bestimmtem und unbestimmtem Artikel oder von einer »Gottheit« redeten, Ausdruck einer solchen Regression?

Niemand hat dieses ganze Feld so thematisiert und durchdrungen wie *Rudolf Otto* (1869–1937) mit seinem Werk *»Das Heilige. Über das Irrationale in der Idee des Göttlichen und sein Verhältnis zum Rationalen«* (1. Aufl. 1917, hier 35. Aufl. 1936[35]). Es gelingt R. Otto in seinem Werk, zum Bewusstsein bzw. zum Gefühl zu bringen, dass es in allen Religionen etwas gibt, das irrational erlebt und als real erfahren wird. Er sagt, es sei »das Heilige minus seines sittlichen Momentes« (6). Er nennt es das »Numinose«. Es sei eine »Kategorie vollkommen sui generis« (7). Sie lässt sich wohl erörtern, aber nicht definieren. Darum spricht Otto von ihr auch als einem X. Dieses »X ist nicht im strengen Sinne lehrbar, sondern nur anregbar, erweckbar« (7). Es kann eine dämonische Scheu sein, ein Grausen, bei dem es einem eiskalt durch die Glieder läuft oder eine »Gänsehaut« auf dem Rücken erzeugt. Es kann einem so unheimlich sein, dass sich die Haare sträuben.

Dann aber gibt es auch die Erfahrung des Erhebenden, des Großen und Weiten. (Mir wird es unvergessen bleiben, wie mich auf Sizilien die Straße über eine Anhöhe führte und wie ich plötzlich einen weiten Blick über das Tal hatte, auf dessen anderer Seite am Hang der alte griechische Tempel von Segesta lag. Noch jetzt spüre ich, wie mir bei diesem Anblick der Atem stockte.)

R. Otto stellt in seinem Werk die verschiedenen Momente des Numinosen dar und nennt sie das Schauervolle (tremendum), das Übermächtige (majestas), das Energische, das Mysterium (das »ganz Andere«), das Fascinans, das Ungeheure. Und insgesamt nennt er das Heilige ein »religiöses a priori«. Das heißt, es geht als Möglichkeitsbedingung allem rational Erfassbaren voraus. Und das ist nun das Bedeutungsvollste an Ottos Darlegungen: Er sieht all diese religiösen Erfahrungen an zentraler Stelle in jeder Religion und eben auch im Christentum. Allein Martin Luther widmet er darum achtzehn Seiten.

Als Motto stellt Rudolf Otto seinem Buch ein Wort Goethes aus dem Faust voran:

> Das Schaudern ist der Menschheit bestes Teil.
> Wie auch die Welt ihm das Gefühl verteure,
> ergriffen fühlt er tief das Ungeheure.

Aber wo bleibt da noch Raum für Luthers Unterscheidung zwischen »Gott« und »Abgott«? Die Entwicklung des Religionsverständnisses scheint eher in die entgegengesetzte Richtung zu laufen: Nicht nur das Heilige ist eine für alle Menschen vorhandene Dimension, sondern das alles Umfassende überschreitet die Grenzen des Heiligen. So schreibt z. B. *Paul Tillich* (1886–1965): »Das Profane und das Heilige können nicht voneinander getrennt werden. Das Profane kann Träger des Heiligen werden. Das Göttliche kann in ihm manifestiert werden. Nichts ist essenziell und unabänderlich profan. Alles hat die Dimension der Tiefe, und in dem Augenblick, in dem diese Dimension sich zeigt, zeigt sich auch das Heilige. Alles Profane ist potenziell heilig, ist offen für Weihe ... Das Heilige stellt seinem Wesen nach keine Sondersphäre neben der profanen dar« (*Systematische Theologie* I, 254).

Haben sich nun alle Götter aufgelöst in ein »humanes« Universale? Ich möchte auf diese Frage zunächst noch nicht aus unserer gegenwärtigen Perspektive antworten, sondern hier versuchen, kurz auf den geschichtlichen Lauf der Entwicklung zu verweisen.

3. Gott über den Göttern

Sokrates (geb. 470 v. Chr.) wurde im Jahr 399 v.Chr. von der »demokratischen« Regierung Athens wegen Jugendverführung, Staatsfeindlichkeit und Gottlosigkeit zum Tode verurteilt und musste den Schierlingsbecher trinken. Er hatte die Jugend, und nicht nur sie, zu selbstständigem Denken erziehen wollen und zu der Einsicht, dass alles Irdische nur Schatten und Schein sei. Das Wahre, Gute, Göttliche allein sei ewig. Wir begegneten dem erst, wenn unsere Seele vom Leib befreit sei. Die ganze polytheistische Götterwelt sei nur Trug. Dennoch bat er mit der ihm eigenen Ironie darum, nach seinem Tode dem Asklepios einen Hahn zu opfern als Dank für seine Erlösung und Heilung von diesem irdischen Leben.

Begonnen hatte die Angriffe auf die mythische, polytheistische Götterwelt *Xenophanes aus Kolophon* (ca. 580–490 v.Chr.), den Platon für den Gründer der Philosophenschule von Elea in Unteritalien hielt. Er übte heftige Kritik an Homer und Hesiod. Und er bestand darauf, dass Gott nur ein Einziger sei und dass allein in seinem Wesen alle Welt bestehe.

Ein Ansatz zur Überwindung bzw. zur Relativierung der griechischen Götterwelt findet sich allerdings auch schon in der älteren Mythologie selbst. Ich denke an die Moiren, die Schicksalsgöttinnen. Ihnen entsprachen bei den Römern die Parzen und bei den Germanen die Nornen. Sie waren unbeeinflussbar. Sie standen auch über den Göttern und verfügten über sie. Sie überdauerten den Kreislauf der Zeitalter. Ihnen Opfer zu bringen, nützte nichts. Sie waren unbestechlich, teilnahmslos, und einen Maßstab der Gerechtigkeit gab es für sie nicht.

Auch in der hinduistischen Mythologie gibt es ja eine unbestechliche Macht, die über den Göttern steht:

Karma. Aber die unterscheidet sich von den Schicksalsgöttinnen dadurch, dass sie für ausgleichende Gerechtigkeit sorgt. Da sich diese aber in unserem individuellen Lebenslauf in der Regel nicht finden lässt, geht das Konzept nur auf mit der Seelenwanderungslehre. Über die Pythagoräer und Orphiker fand dieser Glaube auch den Weg nach Westen.

Einen entscheidenden Schritt über die Naturphilosophie der Vorsokratiker hinaus tat der Ionier *Anaxagoras von Klazomenä* (ca. 500–428 v. Chr.). Er erkannte, dass es ein Vernunftwesen sein müsse, welches die Welt zum Kosmos ordnet. Und er bezeichnete es darum als »Nus«. Man übersetzt dieses griechische Wort wohl am besten mit »Geist« oder »Sinn«. Dieses Wesen, sagt Anaxagoras, könne nicht sinnlich, sondern nur denkend wahrgenommen werden. Von hier aus sehen wir die Wege sich anbahnen zu den großen philosophischen Konzepten Platons.

Schon bevor sich im griechischen Kulturbereich das philosophische Denken zu entfalten begann, wurde das Volk der Bibel – erst Israel, dann Juda – durch vernichtende Katastrophen geschlagen, zuletzt durch das Babylonische Exil. Jerusalem war zerstört, der Tempel vernichtet, und für einen großen Teil des Volkes war die Heimat verloren. Aber all diese Schrecken brachten ein entscheidendes Ergebnis hervor: den nun endlich zu ganzer Reife erwachten Glauben an den einen und einzigen Gott, Schöpfer und Herren über alle Völker, den klaren Monotheismus.

Die wohl wichtigste Identifikationsfigur für diesen Glauben wurde Abraham. Was von ihm erzählt wird, reicht weit zurück über das historisch Erfassbare hinaus. Aber wichtiger als das ist, was das Volk in ihm erblickte. Er ist ihr Urvater, ein Nomade, der herausgerufen wurde aus dem Glauben an andere Götter. Ein Gott über allen Göttern ist es, der ihn persönlich ruft. Und Abraham hört und gehorcht. Er gehorcht einem Gott, der ihm erschienen ist und der ihn zum Aufbruch gedrängt hat, einem Gott, mit dem er zu Mittag gegessen und wegen der Zahl der Gerechten in Sodom verhandelt hat, einem Gott, der ihm befohlen hatte, Sara zu gehorchen und die Magd Hagar mit Abrahams Sohn Isaak zu opfern. Warum gründet Abraham daneben noch Altäre und Kultstätten, so besonders im Hain Mamre bei Hebron? Der Gott Abrahams hat ein sehr persönliches Interesse an dem „Vater des Glaubens" mit seiner unbedingten und auch unerbittlichen Hingabe an den Willen Gottes. Abraham zeigt ein bedingungsloses Gottvertrauen, das stärker ist als Vernunft, väterliche Liebe und Gefühle. Für das Alte wie auch das Neue Testament gerinnt dieses Bild des (nicht) opfernden Abraham und seinem Gott zu einer Ikone des Glaubens, die bis heute wirkt. Die Beziehungen Abrahams zu Gott wie auch den Menschen haben sich übrigens nach dem Ereignis auf dem Berg Morija verändert ...

Deutlich erkennen wir, wie unterschiedlich in Israel und in der griechischen Kultur der Weg zum Monotheismus verläuft. Anaxagoras und danach Sokrates und Platon sind davon überzeugt, dass die höchste göttliche Wesenheit nicht sinnlich, sondern nur denkend erfasst werden könne. Abraham dagegen wird mit allen seinen Sinnen von Gott gepackt und geführt. Und er folgt dem »Ruf«.

Die unbegreifliche Tiefe Gottes bzw. der Gottheit tritt sowohl dem Griechen als auch Abraham gegenüber. Doch ihr Verhalten ist sehr unterschiedlich. Ein Vergleich des *Königs Ödipus* in der Tragödie von

Sophokles (ca. 496–406 v. Chr.) mit Abraham kann das sehr deutlich machen. Auf beiden liegt eine schwere Belastung. König Ödipus möchte seine Stadt Theben von einer Seuche befreien. Er befragt darum das Orakel in Delphi nach Mitteln und Wegen.

Abraham soll erst seine Heimat verlassen und später seinen Sohn opfern, welcher doch der einzige Garant für die Erfüllung der göttlichen Verheißung von zahlreicher Nachkommenschaft ist. Für Abraham ist der Weg aufgrund seines Urvertrauens klar: Vertrauen und folgen! Ödipus aber wird von Menschen und Gottheit in die Irre geführt. Das Orakel sagt ihm: »Finde den Mörder deines Vorgängers, des Königs Laios, und die Stadt wird von der Seuche befreit werden.« Ödipus weiß aber nicht, dass er selbst unwissend zu diesem Mörder wurde, und dass Laios sein Vater war. So sucht und forscht er. Als ihm der Seher Teiresias auf den Kopf zusagt: »Der Mörder bist du«, glaubt Ödipus ihm nicht und forscht blindlings weiter. Er traut es sich zu, das Rätsel zu lösen und dadurch sein Volk zu erlösen. Schließlich aber kann er der Wahrheit nicht mehr ausweichen: »Wie blind war ich!« Er blendet sich und verlässt als Blinder die Stadt mit der Einsicht: »Nun bin ich sehend!« Er beugt sich der unnahbaren Gottheit, der er nicht entrinnen konnte.

Hier ist kein Vertrauen zu spüren, sondern am Ende nur resignierende, tapfere auf sich selbst gestellte Demut. Der Chor ruft:

Geschlechter der Sterblichen!
Wie zähle ich euch gleich
dem Nichts, solange ihr lebt!
Denn welcher, welcher Mann trägt

mehr des Glücks davon als Schein
und nach dem Schein den Untergang?
(1186–1191)

Und dann später Ödipus in völliger Zerrissenheit:

Apollon war's, der diese, Apollon, Freunde,
der diese meine schlimmen, schlimmen in Erfüllung
gehen, ließ, diese meine Leiden?
Geschlagen aber hat sie eigenhändig
kein andrer als ich Unglücksmensch.
(1329–1332)

Apollon, der Lichtvolle, wie man ihn nannte, ist verborgen in völliger Finsternis.

4. Die Außerweltlichkeit und Unbegreiflichkeit Gottes als Fundament des Glaubens und als Quelle des Zweifels

Ob Sophokles und Sokrates miteinander gesprochen haben, weiß ich nicht. Möglich gewesen wäre es durchaus. Sophokles war gut 25 Jahre älter als Sokrates und genoss ein hohes Ansehen im Staat und in der Stadt Athen. Zeitweise versah er auch wichtige öffentliche Ämter. Sokrates dagegen verfügte nur über die Autorität der Vernunft.

Ich stelle mir nun ein Gespräch vor zwischen diesen beiden über göttliche und menschliche Schuld im Schicksal des Ödipus, weil ich meine, das könnte einiges klären.

Sokrates: Ehrwürdiger Sophokles, ich danke dir, dass du mir die Möglichkeit gibst, mit dir zu sprechen, obgleich ich ahne, dass du nicht über alles erfreut bist, was du von mir hörst.
Sophokles: Nun, mein lieber Sokrates, es ist für mich nicht ohne Belang, dich selber zu hören.
Sokrates: Wenn es dir recht ist, würde ich gern mit dir über deine Tragödie »König Ödipus« sprechen.
Sophokles: Ja, ich fürchte, dass andere Dichter diese furchtbare Geschichte packender dargestellt haben.
Sokrates: Darum geht es nicht. Mich hat das Ende, nein, nicht nur das Ende des armen Geschlagenen in deiner Darstellung tief ergriffen. – Warum hast du uns das vor Augen geführt? Es ist doch lange her. Und damals waren die Menschen noch in so vielen schädlichen Vorstellungen und Ängsten befangen!
Sophokles: Sicher, die Vorstellungen wandeln sich. Aber hat nicht das Schicksal, das über uns waltet, immer dieselbe unausweichliche Härte?
Sokrates: Zugegeben, ich verstehe, dass für dich Apoll nicht mehr einer von vielen Göttern ist, sondern nur ein Name für die eine über uns ruhende

göttliche Ordnung, der wir nicht ausweichen können. – Aber wurde nicht das ganze Elend des Ödipus allein hervorgerufen durch menschliche Furcht davor, man könne einer Weissagung nicht widerstehen? Hätten alle Beteiligten von Anfang an auf die eigene Stimme der Vernunft in sich gehört und miteinander gesprochen, so wäre nichts von all dem Furchtbaren geschehen.

Sophokles: Du hast ja nicht unrecht, Sokrates. Kommt nicht in meinen eigenen Versen so oft das »ach, hätte«, »ach, wäre« vor? Aber dennoch wird unser Geschick immer von undurchschaubaren Verwicklungen gelenkt, die allein eine Gottheit verändern könnte. – Und dieses »Könnte« bleibt meine bedrückte Klage.

Sokrates: O, ehrwürdiger Sophokles, wie hängst du doch an diesem irdischen Leben! Wenn deine Seele befreit ist, hat alles Leiden ein Ende.

Sokrates verlässt leise den Raum.
Sophokles hebt versonnen die Hand zum Gruß.

Von göttlicher Fürsorge wissen die beiden Griechen nichts zu sagen. Vielleicht sind ihnen solche Erwartungen auch fremd. Aber es gibt ihnen ein Gefühl der Freiheit, dass sie alle Ängste des Polytheismus hinter sich gelassen haben und dass ihr Geist aufsteigen kann zum Unvergänglichen und Unwandelbaren.

Dieser Aufstieg des Geistes ist allerdings auch ein Problem. Ein Problem ist es für jeden; aber Griechen haben es sicher früher erkannt als Menschen in anderen Kulturen: Wie kann Vergängliches, Wandelbares zu Unveränderlichem, Ewigem finden? Unwandelbares würde durch die Begegnung mit Wandelbarem selber wandelbar bzw. verändert werden. Und die

Umkehrung heißt: Wie konnte aus Göttlich-Unwandelbarem unsere wandelbare Welt werden? Wie also kann Gott zum Schöpfer werden und in die Geschichte eingreifen? Wirft alles das unser »Gottesbild« nicht zurück in die Vorstellungswelt des Polytheismus? Wie kann Gott »Mensch« sein?

Plötzlich spüren wir, dass all diese alten griechischen Fragestellungen für Menschen von heute Hinderungen sind, christlich an Jesus zu glauben. Christlich zu glauben ist »für Griechen eine Torheit«, sagt Paulus (1 Korinther 1,23). In vielen alten Handschriften steht hier allerdings statt »Griechen« »Völker«. Das schließt dann auch uns ein.

Den Juden waren solche Gedankengänge in der Regel nicht geläufig. Erst in der Weisheitsliteratur, z.B. im Buch Kohelet (Prediger Salomo) ist ein Hauch von solcher Gottesferne zu spüren. Vielmehr werden die Juden um getrieben von dem Problem des Hiob. Genau wie bei den Griechen die Frage nach der Verbindung von Wandelbarem und Unwandelbarem erst nach dem Abschied vom Polytheismus aufkommen konnte, so war es mit der Frage des Hiob nach der Gerechtigkeit Gottes auch. Erst wo Gott, der Einzige, mein Ein und mein Alles ist, kann ich ihn anklagen wegen meines »unverdienten« Leidens.

So, wie uns in der Bibel das Bild des Abraham entworfen wird, findet *er* wohl stets die Glaubensstärke, alle Anfechtungen zu überwinden, sodass ihm keine Zweifel an Gottes Treue (zu ihm) kommen.

Aber es gibt doch andere Zeugnisse in der Bibel, die davon sprechen, wie der Glaube an die Gerechtigkeit und Treue Gottes ins Wanken gerät. Es ist der Blick auf die Gottlosen, die Gott lästern und denen es trotzdem gut geht. So lesen wir es in den Psalmen 10 und

73. Da erhebt sich der Ruf: »Das kannst du doch nicht zulassen! Wo bleibt da deine Gerechtigkeit?« – Wohlgemerkt, der Zweifel richtet sich nicht auf die Existenz Gottes. Mit Gott zu rechnen, ist ein Ergebnis der Klugheit. Nur »die Toren sprechen in ihren Herzen ›Es ist kein Gott‹« (Psalm 53). Nein, um die Existenz Gottes geht es nicht, aber um seine Zuwendung. Es ist der Psalm 22, mit dessen Worten Jesus am Kreuz schreit: *»Mein Gott, mein Gott, warum hast du mich verlassen?«* (V. 2). Weiter heißt es in diesem Psalm:

> Ich aber bin ein Wurm und kein Mensch,
> ein Spott der Leute und verachtet vom Volke.
> Alle, die mich sehen, verspotten mich,
> sperren das Maul auf und schütteln den Kopf.
> *(V. 7 und 8)*

Diese Klagen ruft Jesus stellvertretend für Unzählige in die Welt, schreit sie Gott entgegen. Damit geht Jesus an sich noch nicht über Hiob hinaus. In der Hiobsgeschichte versuchen ja seine Freunde auf vielfältige Weise, ihn zu dem Geständnis zu bewegen, dass es bei ihm eine geheime Schuld gebe, mit der er sich sein Leiden eingehandelt habe. Das quält den Hiob natürlich noch zusätzlich. Still wird Hiob erst, als der Herr ihn in den Reden aus dem Wettersturm mit all seinen vielfältigen Schöpfungswundern überwältigt.

Teilweise ist Hiobs Stillwerden Resignation: »Wer bin ich schon gegen dich, dass ich dich, Herr, zur Rechenschaft ziehen könnte?« Aber andererseits erlebt er auch eine lebendige Gottesbegegnung, die ihn sagen lässt: »Ich hatte von dir nur vom Hörensagen vernommen; aber nun hat mein Auge dich gesehen« (42,5).

Jesus aber starb nach seinem Schrei aus der Verlassenheit. Von ihm hätte heute wohl kaum noch jemand gesprochen, wenn nicht die Auferstehungsereignisse gefolgt wären. Verweise über den Tod hinaus waren im Buch Hiob noch so gut wie gar nicht zu finden. Die Heilsverheißungen der Propheten betrafen im Grunde nur die Zukunft des Gottesvolkes. Das gilt auch dort, wo bildhaft von der Wiederbelebung Toter die Rede ist wie in Ezechiel 37. Eine neue Wendung bringt erst die schwere Zeit unter dem Seleukiden-Herrscher *Antiochos-Epiphanes IV* um 170 v.Chr. Da entsteht das Buch Daniel. Bilderreich und geheimnisvoll ist darin die Rede von der Zukunft, von dem Kommen des »Menschensohnes« mit den Wolken des Himmels, vom Ende der Welt und von der Auferstehung der Toten zum ewigen Leben.

Von da an erscheinen mehr und mehr solcher »apokalyptischen«, das heißt »enthüllenden« Schriften. Die haben zwar ihren Quellgrund vorwiegend in religiösen Sondergruppen, aber das geistige Klima wird im gesamten Judentum zunehmend davon bestimmt. Aus den Evangelien ersehen wir, wie es zu der Zeit weitverbreitete Überzeugung war, dass wir dem Weltende, der Auferstehung und dem Jüngsten Gericht entgegengehen. Paulus, ausgebildet in pharisäischer Theologie und bekehrt zum Nachfolger Jesu Christi, argumentiert in seinem Auferstehungskapitel (1 Korinther 15): wenn es keine Auferstehung gebe, dann sei auch Jesus nicht auferstanden (V. 13).

Mit dieser weithin akzeptierten Überzeugung von Auferstehung und Jüngstem Gericht hat der Ruf nach Gottes Gerechtigkeit eine neue Wendung bekommen: Der ersehnte Ausgleich erfolgt in Gottes Endgericht.

Da tritt Gott endgültig aus seiner Verborgenheit heraus.

Die vorzeitige irdische Begegnung mit dem auferstandenen Herren (Kyrios) Jesus ist allerdings für die Gläubigen mehr als nur eine Bestätigung dieser Überzeugung; denn er, Jesus, der von der Vergebung gepredigt hat wie kein anderer, er, der die Gottverlassenheit durchlitten hat, er spricht im Jüngsten Gericht, oder Gott spricht in ihm das Urteil über Schuldige und Unschuldige (die es gar nicht gibt), das Urteil über die wiedergefundenen Verlorenen.

Obgleich mit dieser eschatologischen (auf das Ende hin gerichteten) Perspektive die quälende Frage nach der Gerechtigkeit Gottes eigentlich zur Ruhe gekommen sein sollte, flammt sie auch im Christentum immer wieder auf. Woran liegt das? Es hat wohl vor allem zwei Gründe: Erstens kommen immer wieder Zweifel auf, ob denn Jesus wirklich der ist, »der da kommen soll« (Matthäus 11,3), ob in ihm wirklich Gott selber spricht bzw. sprach. Darum wollten die Leute Wunder von ihm sehen. Und in der Tat haben die zahlreichen Wunderberichte und das Erzählen von der Macht Jesu über die Dämonen, die wir besonders bei Markus finden, und vor allem die Begegnungen mit dem Auferstandenen darin ihre Bedeutung, ihn zu legitimieren als den, in dem Gott selber spricht und gegenwärtig ist.

Und zweitens kann im Elend das Gefühl, von Gott verlassen zu sein, trotz aller eschatologischen Zusagen aufkommen. Martin Luther spricht darum vom verborgenen Gott (deus absconditus). Diese Formulierung findet sich auch in der Bibel: »Fürwahr, du bist ein verborgener Gott, du Gott Israels, der Heiland« (Jesaja 45,15). Luther meint damit, dass wir über Gott nicht verfügen können, indem wir uns mit Selbstverständlichkeit auf seine Gnadenzusage wie auf einen Grundsatz verlassen. Gott ist wohl zuverlässig, aber nicht verfügbar. Unser Vertrauen auf Gott entspringt nicht einer »securitas« (Sicherheit), sondern der »certitudo«, der Gewissheit. Der Glaube ist nie eine abgeschlossene Haltung, sondern lebt allein im Vollzug. Darum bleibt es immer dabei: »Wir sollen Gott fürchten und lieben.«

Wie leichtgewichtig klingt demgegenüber im Anfang der Aufklärungszeit der Umgang des christlichen Philosophen *Gottfried Wilhelm Leibniz* (1646–1716) mit der Frage, wie sich Elend und Bosheit in der Welt mit der Liebe und Gerechtigkeit Gottes vereinbaren lassen. Sein 1710 verfasster Essay trägt den Titel *»Theodizee von der Güte Gottes, der Freiheit des Menschen und dem Ursprung des Übels«*. Das Wort »Theodizee« bleibt von da an der Begriff für die Bezeichnung des Problems. Sein Lösungsvorschlag allerdings findet nur verhaltene Zustimmung. Leibniz unterteilt darin die Übel in drei Gruppen: 1. Das natürliche (= durch die Natur bedingt), 2. das moralische und 3. das metaphysische Übel. Mit Letzterem ist der Unterschied zwischen Schöpfer und Geschöpf gemeint. Da die Vollkommenheit nur dem Schöpfer zukomme, gibt es im Geschöpf selbstverständlich Defizite, also Übel. Aber dennoch sei unsere Welt die beste aller möglichen Welten, und sie befinde sich in einer fortschreitenden Verbesserung. Das ist allerdings eine sehr distanzierte Darstellung von einem sehr distanzierten Gott. Und die Eschatologie des Neuen Testaments hat sich verloren im Fortschrittsdenken der Aufklärung.

Zwei Menschenalter später kritisiert darum *Immanuel Kant* (1724–1804) die Theodizee-Theorie von Leibniz folgendermaßen: »Es sei nicht einzusehen, warum die Heiligkeit des göttlichen Gesetzgebers es zulasse, dass das moralisch Böse die Welt verunstalte, warum die Gütigkeit des Welterhalters und Schöpfungsregenten Leid und Schmerz der vernünftigen Kreatur zumute, und schließlich, warum die Gerechtigkeit des Weltenrichters Laster und Verbrechen in der Welt nicht angemessen strafe« (*Werner Thiede, Der gekreuzigte Sinn. Eine trinitarische Theodizee*, 2007, 23f).

So entzieht sich also die Theodizee-Frage einer abstrakten Antwort, so lassen sich die dunklen Gotteserfahrungen nicht mit der Vernunft allein aufklären, so lässt sich des Schöpfers eschatologisches Handeln nicht durch menschlichen »Fortschritt« ersetzen. Und es bleiben viele Fragen offen. Und es bleiben viele verschiedene Standorte, von denen aus man nach Antworten sucht oder die Fragen ad absurdum zu führen versucht. Davon werden wir weiter reden müssen.

5. Trinitätslehre. Mühsame Versuche zu bleibenden Geheimnissen

Viele halten die Trinitätslehre für kompliziert, abwegig und überflüssig. So ist auch das Fest der heiligen Dreieinigkeit im Kreislauf des Kirchenjahres das unbekannteste und unpopulärste.

Als ich als eben gerade ordinierter Theologe auf einem Schiff von Marseille in den Orient mit islamischen Studenten zusammentraf und wir tagelang miteinander diskutieren konnten, ist es mir nicht gelungen, bei diesen intelligenten jungen Leuten Verständnis für die Trinitätslehre zu wecken. Sie blieben dabei: Hierin stehe die entscheidende Trennungsmauer zwischen Christentum und Islam. Und hatten Sie damit nicht recht?

Unter den Verächtern jeder Religion ist es *Richard Dawkins* (geb. 1941), der sich gar nicht erst mit dieser Lehre beschäftigt. Im Nachwort zu seinem unseriösen Kassenschlager *»Der Gotteswahn«*, 2007, schreibt er, er habe die Lektüre theologischer Bücher nicht für nötig gehalten. Ablehnen genügt!

Dann aber kann einem auch plötzlich das Urteil begegnen, die Trinitätslehre sei eine der ganz großen intellektuellen Leistungen der Menschheit, etwa wie die Quantentheorie.

Nun, ehe wir uns jetzt im Gestrüpp der Entstehung und Bedeutung dieser Lehre verlieren, möchte ich zunächst die Motive und Herausforderungen nennen, welche die Entfaltung in Bewegung gesetzt haben. Eigentlich sind sie auf den vorangegangenen Seiten schon genannt worden.

Zuerst ist da in den Evangelien auf vielfältige Weise die Frage der Menschen, die Jesus begegnen, zu finden: »Wer ist dieser?« Sie spüren seine »Vollmacht« im Reden und Handeln. So ruft der »Besessene«, den

Jesus heilt: »Ich weiß, wer du bist: der Heilige Gottes!« (Markus 1,21–28).

Petrus fiel nach dem erstaunlichen Fischzug Jesus zu Füßen und brachte hervor: »Herr, geh von mir! Ich bin ein sündiger Mensch« (Lukas 5,8). Die Menschen spüren in Jesus das Übermächtige, das Mysterium, das Ganz-Andere. Und laut Matthäus stellt Jesus selber die Frage: »Wer sagen die Leute, dass der Menschensohn sei?« Und: »Was sagt denn ihr, dass ich sei? Da antwortete Simon Petrus und sprach: Du bist Christus, des lebendigen Gottes Sohn!« (16,13ff).

Und schließlich spielt im Prozess Jesu nach dem Matthäusevangelium die Frage, wer Jesus sei, eine wichtigere Rolle als das, was er gesagt hat (Matthäus 26,63f).

Die Frage nach dem Sein Jesu war also offensichtlich nicht erst für die Evangelisten und ihre Leser wichtig, sondern war ganz sicher von Anfang an mit dem Auftreten Jesu verbunden.

Und die gegebenen Antworten wurden mit dem Wunsch der Präzisierung von Generation zu Generation neu hinterfragt. Und weil es dabei um die Beziehung zwischen Gott und Jesus geht, liegt hier ein wesentlicher Ansatz für die Trinitätslehre.

Ein anderer Quellfluss für die Trinitätslehre entspringt im griechischen Denken. Wir hatten im vorigen Kapitel schon davon gesprochen. Es ist die Frage: »Wie kann das ewige, unwandelbare Wesen Veränderliches, Zeitliches schaffen? Und wie ist ein Eingreifen des Ewigen in das Zeitliche möglich, ohne dass das Ewige zeitlich wird?« Die Aussagen über die Schöpfung durch den Sohn in Hebräer 1,2 und 1 Korinther 8,6 und durch das Wort in Johannes 1,3 sind sicher gesprochen von und zu Menschen, welche von diesen Fragen bedrängt wurden.

Und drittens steht damit im Zusammenhang die existenzielle Theodizee-Frage: »Kümmert sich Gott eigentlich um mich? Ist er bei mir? Kommt er zu mir? Und wenn er es tut, wie tut er es?« Dazu gibt Paulus die Antwort mit dem Hymnus von der Selbsterniedrigung Jesu Christi im Philipperbrief (2,6ff). Also, es geht ganz und gar nicht um trinitarische Aussagen im Neuen Testament. Die finden wir darin nicht. Und wo wir sie zu finden meinen, sind es lediglich triadische Formulierungen (Matthäus 28,19 und »Die Gnade unseres Herrn Jesus Christus und die Liebe Gottes und die Gemeinschaft des heiligen Geistes sei mit euch allen« in 2 Korinther 13,13). Aber es geht dort um eine trinitarische Substanz, die sehr wohl im Neuen Testament enthalten ist.

Wie aber wird nun eigentlich aus den Gedanken über Gott, Jesus und die Welt eine Dreierbeziehung unter Einschluss des göttlichen Geistes? Natürlich ist der frühe Gebrauch der triadischen Taufformel auch ein Anstoß dazu, aber nicht der wesentliche. Wirklich wichtig ist für die anfängliche christliche Gemeinde die Erfahrung des Geistwirkens, die eben ganz eindeutig nicht als Produkt menschlicher Ekstase, sondern als lebendiges, göttliches Wirken erfahren wird.

Paulus schreibt immer wieder davon, wie z. B. Römer 8,16: »Der Geist selbst gibt Zeugnis unserm Geist …« Und bei Johannes lesen wir, wie Jesus vom »Paraklet« redet, vom »Tröster«, treffend kann man auch »Anwalt« übersetzen. Der tritt an die Stelle Jesu. Damit wurde das Thema dieser Dreiheit so fundamental, dass es theologisch durchdrungen werden musste.

Wir Menschen von heute sehen das Werden der Trinitätslehre im Rückblick. Und so mancher Betrachter fragt: Warum mussten sich die Christen bis ins 5. Jahrhundert und noch darüber hinaus um dieses Thema, teils mit Haarspaltereien, so erbittert streiten? Die Antwort lautet: In den oft so nahe beieinander liegenden unterschiedlichen Formulierungen geht es um mehr als um Formulierungen. Es geht um grundsätzliche Unterschiede, die sich im Ja oder Nein zu folgenden Fragen ausdrücken:

Erstens: Begegnet uns wirklich in Jesus und im Geist Gott selbst oder nur seine Boten und Geschöpfe?

Zweitens: Wenn es nun immer wirklich Gott ist, sind Sohn und Geist dann nur Verkleidungen des einen Gottes (Modalismus)? Geht es dann nur um Visionen, und bleibt uns dann nicht Gott doch fern?

Drittens: Ist es nicht wirklich Gott, bleibt dann nicht auch die tiefe Trennung zwischen dem Ewigen und Unwandelbaren und dem Vergänglichen bestehen?

Viertens: Das Verständnis von Sohn und Geist als Gott untergeordneten Gottheiten (Subordinatianismus und Adoptianismus) ist ein Rückfall in vormonotheistische Mythologie, wie sie auch noch von Platon vorgetragen wurde. Er sprach hier von einem »Demiurgen« als Schöpfungsvermittler. Aber hier wird das Problem der prinzipiellen Unterschiedenheit von Ewigem, Unwandelbarem und Zeitlich-Vergänglichem überhaupt nicht erkannt und verstanden. So war es z.B. bei den Arianern (*Arius* gest. ca. 337). Sie glaubten, dass Jesus nicht mit Gott wesensgleich sein könne, weil er von Menschen gezeugt sei.

Wir sehen also: Im Streit um die Entfaltung der Trinitätslehre geht es zugleich um die Entfaltung des

Welt- und Seinsverständnisses der Völker des Orients und Okzidents. Und die Kaiser und Regierenden wurden nicht nur von Amts wegen, sondern auch persönlich mit einbezogen. Immer deutlicher wurde dabei, dass die rationalen Denk- und Ausdrucksmöglichkeiten nicht ausreichten, um das Heilsgeschehen in Jesus Christus in Worten auszusprechen. So griff man bewusst zur **Paradoxie**, um das Geheimnis des wirklichen Seins und Geschehens zwischen Gott und Welt zu benennen und zu wahren: *Gott Vater, Sohn und Geist sind eines Wesens in drei Personen.* Vater und Sohn drücken keine zeitliche Vor- und Nachordnung aus, denn der Sohn ist vor aller Zeit aus dem Vater in Ewigkeit geboren. Ebenso ist der Heilige Geist ewig und geht doch aus dem Vater hervor. Die westlichen Kirchen, im Unterschied zu den östlichen, fügten dem allmählich in immer mehr Regionen aus trinitarischer Konsequenz hinzu, der Geist gehe auch aus dem Sohn hervor. Etwa 500 Jahre nach diesem Zusatz (filioque) war diese Hinzufügung im Jahre 1054 einer der wesentlichen Gründe zur Trennung der östlichen (orthodoxen) Kirchen von den westlichen. Um die konsequente Anwendung der Paradoxie auf die Dreiheit und Einheit Gottes hatten sich besonders die drei großen, griechisch schreibenden kappadokischen Theologen *Gregor von Nazianz* (329–391), *Gregor von Nyssa* (330–395) und *Basilius von Cäsarea* (329–379) bemüht. Und der weltgewandte Ambrosius (340–397), Bischof in Mailand, der Griechisch so gut sprach wie Latein, übertrug sie in den Westen. Dort war das Lager der subordinatianischen Arianer sehr stark. In ihnen erkannte Ambrosius die Gefahr der vernünftigen Auflösung des Christentums. Darum widerstand er ihnen kompromisslos, aber auch gewaltlos. Im Gegenteil, als große Flüchtlingsscharen der Arianer nach Mailand hineinströmten, schenkte er ihnen den beträchtlichen Mailänder Kirchenschatz als Nothilfe. Als aber der Kaiser ihn aufforderte, auch eine Kirche an die Arianer abzugeben, verbarrikadierte er sich für Wochen mit einer großen Gemeinde in dieser Kirche zum passiven Widerstand. In dieser bedrängten Situation entstanden viele seiner großen Hymnen, die er mit der Gemeinde einübte und mit denen sie den dreieinigen Gott lobten. Der Widerstand hatte vollen Erfolg. Die von ihm im Anschluss an *Athanasius* (ca. 295–373) vertretene paradoxe Trinitätslehre wurde gestärkt, der subordinatianische Arianismus wurde abermals zur Irrlehre erklärt, obgleich deren Vorwurf des Tritheismus von den Athanasianern nicht logisch voll überzeugend entkräftet werden konnte.

Aber durch Ambrosius wurde der psychologisch tiefgründige und neuplatonisch geprägte Denker *Aurelius Augustinus* (354–430) für das Christentum gewonnen und von ihm getauft. Und Augustinus hat sich dann in zwanzigjähriger Arbeit (399–419) an seinem Werk »*De Trinitate*« diesem Problem gewidmet. Augustinus geht dabei aus von der »These der kappadokischen Väter von der Gemeinsamkeit der drei göttlichen Personen in ihrem Werk nach außen: Daraus folgt, dass von den kreatürlichen Wirkungen her nur die Einheit Gottes erkennbar ist. Diese Einheit aber ist schlechthin einfach, ohne jede Zusammensetzung vorzustellen« (*Wolfhart Pannenberg, Systematische Theologie*, Bd. 1, 1988, 308). Dann aber versucht Augustinus am Bild der menschlichen, innerseelischen Vorgänge die Relationen der drei göttlichen »Personen« zueinander, die doch eine Einheit sind, verständlich zu machen, obgleich er sich der Unzulänglichkeit solcher Vergleiche bewusst ist. Aber er hat mit seinen Bemühungen doch das neuplatonische Verständnis von Gott als dem unterschiedslos Einen überwunden. Und er sieht Gott als eine in sich differenzierte und damit dynamische Einheit. Aus dieser lebendigen Einheit heraus schuf Gott Zeit und Welt. Und da die Zeit auch eine Kreatur Gottes ist, kann man nicht sagen, die Schöpfung sei eine Veränderung in Gott. Es gibt ja kein »vor der Zeit«. Die Ewigkeit umgreift die Zeit. Über ein Jahrhundert später widmet sich der letzte antike Philosoph Boëthius (480–524) erneut diesen Fragen. Er gab eine Definition von Ewigkeit, d. h. göttlicher Ewigkeit, die seitdem bis hin zu Karl Barth (1886–1968), Wolfhart Pannenberg und vielen gegenwärtigen Theologen immer wiederholt worden ist: »Aeternitas igitur est interminabilis vitae tota simul et perfecta possessio.« (*Boëthius, De consolatione philosophiae* V, 6,4: »Ewigkeit also ist der ganze und vollkommene Besitz grenzenlosen Lebens.«) Da ist also alles Leben in die Ewigkeit einbezogen – nicht nur das vergangene sondern auch das zukünftige. Und folglich geht das Leben in der Schöpfung, obgleich es als zeitliches schon in Ewigkeit vorhanden ist, aus ihr hervor.

Durch dieses Verständnis von Zeitlichem in der Ewigkeit werden allerdings neue Fragen aufgeworfen, wie etwa die, ob in der Ewigkeit Zeitliches als Möglichkeit vorhanden ist oder wie sonst. Und wenn Bëthius die ewige Bewahrung von Zeitlichem als »Dauer« bezeichnet, wie unterscheidet sich Dauer von Zeit? (Ausführlicher hierzu der Band »Ewigkeit« vom Verfasser in dieser Reihe, besonders Seiten 47f, 54ff, und 76ff.)

Das schwerwiegende Problem ist deutlich, die Absichten der Klärungsversuche ebenfalls; aber sind sie gelungen? *Hans Christian Schmidbaur* (geb. 1964) hat 2003 ein Buch geschrieben über »Gottes Handeln in Welt und Geschichte«. Darin zitiert er in der Einleitung *Josef Ratzinger* (geb. 1927, »Dogma und Verkündigung« 3. Aufl. 1977, 47): »Gott und Mensch, je für sich allein, sind unendlich voneinander geschieden. Es scheint unmöglich, den Graben zu überspringen, der Ewigkeit und Zeit voneinander trennt. Weder hat die theologische Spekulation bisher klären können, wie der Ewige, ohne Ewigkeit aufzugeben, eine zeitliche Schöpfung erschaffen und liebend begleiten kann, noch ist ausdenkbar, wie der Mensch aus der Grenze seiner Zeitlichkeit heraus an das Herz des Ewigen rühren sollte.«

Schmidbaur legt mit seinem großen Werk, das den Untertitel trägt »Eine trinitarische Theologie der Vorsehung«, einen neuen Antwortversuch vor, der sich allerdings vor allem auf *Thomas von Aquin* (1225–1274) stützt. Er meint, wenn man sorgfältig unterscheide zwischen Gottes Handeln als Erstursache, d. h. im prinzipiellen Setzen des Seins im ewigen Schöpfungsakt, welcher sich als creatio continua beständig fortsetzt, und dem mittelbaren zweitursächlichen Handeln, das der Schöpfung ihre Selbstständigkeit lässt, dann müssten die wesentlichen Denkschwierigkeiten überwunden sein. Dazu müsse man sich auch vergegenwärtigen, dass Gottes Vorherwissen nicht zugleich ein einschränkungsloses Vorherbestimmen ist. Es mag sein, dass Schmidbaur mit seinen Antworten das Gespräch zwischen Naturwissenschaft und Religion erleichtert, aber die alte theologisch-philosophische Grundaporie, die Ratzinger wiederholt hat, wird im Prinzip nicht einleuchtender überwunden als durch Augustinus. Es ist wohl ein Geheimnis, das für unser Denken letztlich unauflösbar bleibt, so wie auch Unendlichkeit undenkbar und doch unausweichlich ist.

Noch sind wir aber nicht am Ende des Kapitels über die Trinität. Es fehlt noch das anfänglich genannte dritte Motiv für die Bildung der Trinitätslehre, die Theodizeefrage. Diese Frage ist nicht zuerst in dem Medium der rationalen Logik gestellt worden, sondern sie ist der Ruf nach der Zuwendung Gottes. Das hatte Leibniz mit seiner Beantwortung nicht bedacht. Hier ist nicht zuerst die rationale Logik, sondern die Logik des Logos, der Fleisch wird, gefordert. Und die sagt: Ich komme zu dir und helfe dir heraus aus deinem Elend. So entäußerte sich Gott, der Sohn, seiner göttlichen Gestalt und wurde Mensch. Er erniedrigte sich selbst bis zum Tode am Kreuz (Philipper 2,6–8).

> Er wechselt mit uns wunderlich.
> Fleisch und Blut nimmt er an
> und gibt uns in Seins Vaters Reich
> die klare Gottheit dran.
>
> Er wird ein Knecht und ich ein Herr;
> das mag ein Wechsel sein!
> Wie könnt es doch sein freundlicher,
> das herze Jesulein.
>
> Heut schließt er wieder auf die Tür
> zum schönen Paradeis;
> der Cherub steht nicht mehr dafür.
> Gott sei Lob, Ehr und Preis!
> *EG 27 Nikolaus Hermann (1500–1561)*

Wenn der Herr allerdings jetzt nur noch Knecht wäre, so hätte er keine Macht mehr, mir etwas zu geben; so wäre Gott nicht zu mir gekommen, sondern Gott wäre verloren gegangen. Darum liegt unsere Erlösung ganz daran, dass er, Gott selber, zu mir gekommen ist. So wird also im christologischen Teil der Trinitätslehre die Paradoxie noch einmal verstärkt. Das größte Konzil der alten Kirche 451 in Chalzedon nimmt als verbindliche christliche Lehre an, dass in Christus sowohl die göttliche als auch die menschliche Natur vollständig gegenwärtig sind, und zwar unvermischt und zugleich ungetrennt. Und damit hängt zusammen, dass später diese Lehre von der Entäußerung Gottes in Jesus Christus, die »Kenosislehre«, auch auf den auferstandenen Sohn bezogen wurde. Und Werner Thiede hat sie in seinem bereits erwähnten Buch »Der gekreuzigte Sinn« auch auf Gott, den Vater, und Gott, den Heiligen Geist bezogen, nicht etwa aus Konsequenzmacherei, sondern, um aufzuzeigen, dass Gott schon mit der Schöpfung etwas von sich dahingibt und dass der göttliche Geist, um verstanden zu werden, sich auf das Niveau menschlicher Verständlichkeit begibt.

So ist also bis heute die Trinitätslehre lebendig und sogar von Fall zu Fall in der Entfaltung begriffen.

6. Gott und das Sein

a. Gottesbeweise

Schon im dritten Kapitel, und danach mehrfach, standen wir vor der Frage, wie denn der Ursprung der Welt zu denken sei. Die Antworten der Mythen reichten der erwachten menschlichen Vernunft nicht mehr aus. Der Monotheismus der Juden und Christen und griechisches Philosophieren rückten einander näher und verbanden sich häufig in denselben Menschen. So war denn in der scholastischen Theologie und Philosophie des Mittelalters *Aristoteles* (384–322 v. Chr.) für viele schlechthin »der Philosoph«. Aus seiner philosophischen Theologie wurde die Vorstellung des unbewegten Bewegers als »Gottesbeweis« übernommen. *Otfried Höffe* (geb. 1943) hat die Gedanken des Philosophen hierüber sehr schön zusammengefasst (Klassiker der Philosophie, 1. Bd. 1981, 77f): »Aristoteles lässt seine Naturphilosophie in einer philosophischen Theologie gipfeln. Die Analyse der wahrnehmbaren Naturbewegung führt ihn zur Einsicht, dass es noch ein anderes als das wahrnehmbare Sein geben muss und dass diesem anderen der höchste Seinsrang zukommt. Damit bringt Aristoteles ein neues, ein strikt spekulatives Element in sein Denken. Er verlässt den Bereich der Naturphänomene, um eben diesen Bereich verständlich zu machen. In Gott als dem unbewegten Beweger der Welt versucht er den Ursprung aller Bewegung und mit ihm die Einheit aller Naturphänomene zu denken. In den sehr knappen Andeutungen von Metaphysik XII 6–10 (vgl. Physik VIII) führt Aristoteles zunächst die Vielfalt von Bewegungen auf die ewige Kreisbewegung zurück. In einem zweiten Schritt zeigt er, dass es die ewige Bewegung nicht geben kann, es sei denn, es existierte eine ewig bewegte Substanz, der erste Himmel. Die ewig bewegte Substanz muss ihrerseits verursacht sein. So kommt Aristoteles in einem dritten Schritt auf den unbewegten Beweger (akineton kinoun), der wegen seiner Unbewegtheit ohne Stoff ist und den Charakter reiner Aktualität (actus purus) hat. Schließlich wird dieses strikt intelligible Sein mit der Gottheit (ho theos) gleichgesetzt ... Die ganze Argumentation hat, schon wegen der überaus gedrängten und skizzenhaften Darstellung, mehr den Charakter eines Denkmodells als den einer strengen Ableitung. Insofern handelt es sich nicht um einen Gottesbeweis. Zugleich finden wir hier einen Grundtyp, die kosmologische Form philosophischer Theologie. Gott wird im rationalen Durchgang durch die Erfahrungswelt, nicht aufgrund einer bloßen Abkehr von ihr erkannt. Gleichwohl ist Gott nicht in der Erfahrung wahrnehmbar, vielmehr die Bedingung der Möglichkeit dafür, die Erfahrungswelt als Einheit zu denken. Als erster Beweger alles Bewegten ist er ... der haltgebende Grund der gesamten Natur.

Für die Geschichte des abendländischen Denkens sind Aristoteles' theologische Aussagen von kaum abschätzbarer Bedeutung geworden. Die über das göttliche Sein abgegebenen Bestimmungen: die Lebendigkeit und die reine Aktualität, die zugleich reine und glückselige Geistigkeit, das Sichselbstdenken des Geistes (noesis noeseos) ist, haben das theologische Denken des christlichen Mittelalters weitgehend geleitet, aber auch zu heftigen Auseinandersetzungen mit Aristoteles Anlass gegeben. Dennoch darf man die genuin christlichen Vorstellungen von Gott nicht in Aristoteles hineinprojizieren, weder die Vorstellung eines persönlichen Gottes noch die einer Schöpfung, die Aristoteles' Behauptung von der Ewigkeit der Welt widerspricht.« So weit Höffe.

Ob christliche Theologen aus Aristoteles in ihrer Vorstellung fast einen Christen gemacht haben, scheint mir allerdings sehr fraglich. Aber sie sind bei ihm in die Schule gegangen, weil er als vorchristlicher, heidnischer Denker sie Wahres, nicht alles Wahre, richtig erkennen lehrte und weil sie an ihm sahen, dass die Vernunft auch ohne Offenbarung das Dasein Gottes erkennen kann.

Und nun vollziehen wir den großen Sprung über anderthalb Jahrtausende hin zum Höhepunkt der scholastischen Theologie, zu *Thomas von Aquino* (1225–1274). Er sieht fünf Wege, auf denen sich die Existenz Gottes beweisen lässt (Summa Theologiae I q. 2).

Der erste ist der des Aristoteles, der zu dem ersten Beweger führt, welcher selbst unbewegt ist.

Der zweite Weg ist dem ersten ähnlich. Er verfolgt rückwärts die Kausalitätskette, welche sich nicht ad infinitum fortsetzen kann, bis hin zur ersten Ursache. Und die wird von allen »Gott« genannt.

Der dritte Weg ist der Kontingenzbeweis. »Kontingent« ist das, was sein kann oder auch nicht sein kann, was möglich ist, aber nicht sein muss. Dieses kontingente Sein muss die Ursache für seine Notwendigkeit von anderswoher bekommen. Die *letzte Ursache* für die Notwendigkeit aber trägt die Notwendigkeit in sich selbst. Und diese nennt man Gott.

Der vierte Weg folgt den Qualitätsstufungen im Sein. Die höchste Stufe, die sich nicht mehr steigern lässt, das vollkommene Sein, ist Gott.

Und schließlich auf dem fünften Weg wird die Intentionalität, die Zielgerichtetheit der Naturdinge gesehen. So führt dieser teleologische, das heißt zielgerichtete, Gottesbeweis zu Gott als der lenkenden Vernunft.

Dieser so fünffach bewiesene Gott ist reines Wirken, actus purus, einzig und einfach; er ist der gründende Grund des Kosmos.

Schon fast zweihundert Jahre vor Thomas hatte *Anselm von Canterbury* (1033–1109) einen ganz anderen Weg gewählt, um das Dasein Gottes aufzuweisen. Während er erst auch wie Thomas und Aristoteles von der Betrachtung der Welt her auf Gott schloss (Monologion, 1076), geht er im »Proslogion« (1078), das er, wie schon Augustinus seine »Bekenntnisse«, in der Form des Gebetes schrieb, vom Glauben aus. Das Kernmotiv lautet »fides quaerens intellectum« (nach Einsicht suchender Glaube). Darin zeigt er, dass für den Glauben Gott das Größte und Vollkommenste ist, über das hinaus nichts Höheres gedacht werden kann. Wäre dieses Höchste aber nur in meinen Gedanken vorhanden und nicht existent, so wäre es nicht das Höchste. Denn das höchste Denknotwendige kann nur existent gedacht werden. Daraus ergibt sich die Existenz Gottes. Das ist der sogenannte »ontologische« Gottesbeweis. *Karl Barth* (1886–1968) hat ihn später sehr geachtet, obgleich er ihn nicht eigentlich als Beweis ansah.

b. Die Grenzen des Denkbaren

Allen Gottesbeweisen ist es gemeinsam, dass sie die Existenz, das Sein Gottes beweisen wollen. Das setzt aber voraus, dass der Begriff des Seins sowohl auf den Schöpfer als auch auf die Schöpfung anwendbar ist.

Aber wenn das so ist, kann man dann noch sagen, dass Gott der Schöpfer des Seins ist? Diese Frage wurde in der Hochscholastik in zunehmendem Maß bedacht, und zwar immer elementarer. Thomas von Aquin vertrat dabei mit vielen anderen die Überzeugung, dass dann, wenn wir von Gott reden, wegen der fundamentalen Verschiedenheit zwischen Schöpfer und Schöpfung der Begriff des Seins nur analog, aber nicht univok (gleichbedeutend) verwendet werden könne. Daran schloss sich folgerichtig die Frage an, worin denn die Analogie des Seins (analogia entis) bestehe. Die Antwort, wir könnten nur in den von Gott ausgehenden Wirkungen wie Regieren oder Lieben von Analogie reden, erwies sich als unzulänglich.

Da brachte *Duns Scotus* (1265 oder 1274–1308) eine wesentlich neue Sicht in die Diskussion. Er vertrat entgegen der Analogiethese den Standpunkt, der Begriff des Seins habe immer univoke Bedeutung. Aber wenn man sowohl von dem Sein Gottes als dem der Geschöpfe spreche, dann sei das wohl derselbe Begriff, aber dem entspreche keine Übereinstimmung zwischen Gott und Mensch in irgendeiner Hinsicht. »Wie kann dann aber der univoke Begriff noch eine Realbedeutung haben und mehr sein als eine Fiktion des Bewusstseins?« (W. Pannenberg »Analogie und Offenbarung«, 2007, 161). *Wilhelm von Ockham* (ca. 1290–1349) bemühte sich weiter um diese Fragen. Er stellte fest, dass alle Begriffe sich aufgrund der Wahrnehmung von Einzeldingen durch Abstraktion entwickeln und dann für alle diese Einzeldinge zusammenfassend verwendet werden. So ist es auch mit dem Seinsbegriff. Wollen wir nun von Gott reden, so können wir es auch nur tun mit dem aus den Wahrnehmungen abgeleiteten Seinsbegriff.

»Aus diesen Voraussetzungen ergibt sich, dass wir nur mithilfe von Gott und Geschöpf zusammenfassenden, univoken Begriffen von Gott reden können. Wir wissen nämlich von Gott nicht auf dem Wege der sinnlichen Wahrnehmung, sodass wir einen individuellen, einfachen Begriff von Gott bilden könnten, der nur ihm allein zukäme. Vielmehr wissen wir von Gott nur in Beziehung zu Geschöpflichem, also nur durch Gott und Geschöpf zusammenfassende Begriffe, also nur durch Gott und Geschöpf univok bezeichnende Begriffe. Wir können zwar einen Gott im Unterschied von allem Außergöttlichen bezeichnenden Begriff bilden, aber einen solchen Begriff haben wir nicht, wie bei anderen Dingen, unmittelbar, sondern wir können ihn nur durch Zusammensetzung von Gott und Geschöpfen gemeinsamen Begriffen mit negativen Bestimmungen gewinnen. So oder so müssen wir von Gott und Geschöpf univok zusammenfassenden Begriffen ausgehen.

Aber nur im Begriff gibt es Gleichheit von Gott und Geschöpfen, in der Realität sind sie dagegen unendlich verschieden« (Pannenberg a.a.O. 176f).

Damit war die große Frage nach der Beziehung zwischen Bewusstsein und Realität aufgebrochen, um welche sich schließlich erst fast 500 Jahre später *Immanuel Kant* (1724–1804) so umfassend bemüht hat. Seine philosophischen Vorgaben waren inzwischen gegenüber der Scholastik natürlich sehr verändert. »Empirismus« und »Rationalismus« waren die unterschiedlichen Lager, d. h. die äußere Erfahrung einerseits und die Vernunft andererseits. Demgegenüber erarbeitete Kant einen neuen Ansatz, den man als eine kopernikanische Wende in der Philosophie ansehen kann. In der *»Kritik der reinen Vernunft«* legt er dar, dass die Gegenstände unseres Erkennens nicht von selbst in uns erscheinen, sondern dass sie vom Subjekt des Erkennens, das er »transzendentales Subjekt« nennt, zur Erscheinung gebracht werden müssen. (Das darf, wie man heute versucht wäre, nicht als hirnphysiologische Erkenntnis missverstanden werden!) Wir können somit von Seiendem nur reden in der Form einer Theorie der Erkenntnis von Seiendem. Die Erkenntnis richtet sich also nicht nach dem Gegenstand, sondern der Gegenstand nach der Erkenntnis (Kritik der reinen Vernunft, B16).

Sofern es nun nicht um formal-logische Erkenntnisse geht, kann zum Erkenntnisgegenstand aber nur das werden, was auch Gegenstand der Erfahrung war oder werden könnte. Und das ist für die Metaphysik natürlich von eminenter Bedeutung, denn Gott kann niemals Gegenstand der Erfahrung sein. Deswegen haben Gottesbeweise keine Schlüssigkeit.

Aber der Glaube an Gott ist dadurch nicht ausgeschlossen. Kant meint, der gute Mensch, der sich selbst recht versteht, müsse Gott »postulieren«, müsse glauben. Gott, Freiheit und Unsterblichkeit seien Postulate der praktischen Vernunft.

c. Das Bild einer harmonischen Welt: Spinoza

Sowohl die Gottesbeweise als auch die Überlegungen über die Reichweite unserer Wahrnehmung und die Grenzen des Denkbaren haben ihren Grund in dem Weltbild mit der Aufteilung in Immanenz und Transzendenz. Als transzendent wird dabei Gott als der Schöpfer des Immanenten verstanden. Diese schwer zu verstehende Trennung hatten schon Jahrhunderte vor Kant einige Denker gemeint, vermeiden zu können. *Nikolaus von Kues* (1401–1464) war vielleicht der erste und der genialste von ihnen. Mit dem mathematischen Begriff der Unendlichkeit und dem Begriff von dem Zusammentreffen der Widersprüche (coincidentia oppositorum) meinte er zwangsläufig auf dem Weg des Denkens zu dem allein ewigen Gott zu kommen.

Und dann trat *Giordano Bruno* auf (1548–1600, in Rom als Ketzer verbrannt). Für ihn war das Universum unendlich, die Welt eine ewige, dynamische Einheit. Die Kraft, welche die Welt beherrscht und durchdringt, nannte er Gott. Gott ist in den Naturgesetzen. Er steht nicht über oder außerhalb der Welt. Der ganze Kosmos ist von ihm beseelt. Dass dieser Pantheismus nicht christlich ist, war Giordano Bruno vollkommen klar. Er bezeichnete seine Anschauung auch selber gelegentlich bewusst als heidnisch. Seine Gedanken äußerte dieser schon frühzeitig aus dem Dominikanerorden ausgetretene Mönch in einer dichterisch-visionären Weise.

Von Bruno inspiriert war *Baruch (Benedictus) de Spinoza* (1643–1677). Er wuchs in einer strengen jüdischen Gemeinde in Amsterdam auf. Zu dieser Gemeinde geriet er in tiefen Widerspruch, nachdem er Gedanken von dem Cusaner und Giordano Bruno aufgenommen hatte. So stieß ihn die Gemeinde in aller Form mit einem Fluch aus der Synagoge aus. Er schloss sich danach keiner Religion mehr an. Aber er setzte sich mit politischer Entschlossenheit für Toleranz ein und entwarf ein philosophisches System von erstaunlicher Harmonie und Geschlossenheit. Sein erst posthum veröffentlichtes Hauptwerk trug den Titel

»Ethica more geometrico demonstrata« (dt.: Ethik – nach der Weise der Geometrie dargelegt). Ähnlich wie G. Bruno verwarf er den Gedanken, Gott als transzendente Ursache der Welt zu fassen. Aber er dachte dabei viel differenzierter als G. Bruno. Nach seiner Überzeugung liegt allem eine einzige, ewige, unendliche aus sich selbst existierende Substanz zugrunde. Diese Substanz ist Gott. Und Gott ist die Natur: »Deus sive natura« (Gott oder die Natur; d.h. Gott ist nichts anderes als die feste und unabänderliche Ordnung der Natur). Aber hier beginnt nun seine Differenzierung gegenüber G. Bruno: Nicht die Natur in jeder Art, in jedem Modus ist Gott, sondern nur die Substanz. Spinoza zieht hier zur Klärung ein lateinisches Kunstwort heran, das erst im 12. Jahrhundert gebildet wurde: »naturare«. Das meint so etwas wie »schaffen«. Es bleibt jedoch unscharf. So unterscheidet er schaffende und geschaffene Natur. Aber er gebraucht eben nicht das lateinische Wort für »schaffen«, »creare«. *Meister Eckhart* (1260–1329) sprach auf Deutsch von Gottes »ungenaturter Nature«. Und das meint wieder so etwas wie die »prima causa«, die Erstursache. Spinoza aber will nun eben diesseits von logischer Fassbarkeit unterscheiden zwischen »natura naturans« und »natura naturata«.

Gott, die unendliche Natur bzw. Substanz, hat zwei Eigenschaften: Denken und Ausdehnung. Und deswegen kann auch jedes Einzelwesen unter diesen beiden Gesichtspunkten gesehen werden. Unter dem Gesichtspunkt der Ausdehnung ist es Körper; unter dem Gesichtspunkt des Denkens ist es Idee. So sind auch beim Menschen Körper und Seele nicht zwei getrennte Substanzen, sondern zwei Seiten ein und desselben Wesens.

Wenn Spinoza in dieser Weise davon redet, dass Gott denkt oder Verstand hat, so ist er doch zugleich strikt darauf bedacht, jede anthropomorphe Redeweise von Gott zu vermeiden. Wenn wir von Gottes Verstand reden, so ist damit gemeint, dass er die Ursache aller Dinge ist und somit ist auch »Gottes Verstand die Ursache des Wesens und Daseins unseres Verstandes«, und gerade dadurch unterscheidet sich Gottes Verstand auch völlig von unserem Verstand (Spinoza, Ethica? zitiert nach *Eberhard Jüngel*, Gott als Geheimnis der Welt, 4. Aufl. 1982, 379f).

In dieser völligen Unterschiedenheit ist es auch begründet, dass Gott nicht zweckhaft handelt. Würde er das tun, meint Spinoza, so würde er etwas begehren, was er entbehrt. Grundsätzlich meint er, unsere Vollkommenheitsvorstellungen passten nur zu uns und nicht zu Gott. Was einen vollkommenen Esel oder Elefanten mache, mache keinen vollkommenen Menschen, und was einen vollkommenen Menschen mache, passe nicht als Aussage über Gottes Vollkommenheit (vgl. Jüngel, a.a.O., 381f). Darum könne man auch nicht im eigentlichen Sinne sagen, dass Gott irgendjemanden liebe. So hat es in der Umkehrung auch keinen Sinn, Gott zu lieben. Der von Spinoza gepriesene »amor dei intellectualis« ist etwas ganz anderes. Diese Liebe meint das Annehmen der göttlichen Ordnung.

Manche empfinden das als Fatalismus, aber eben nur manche. Immerhin, es liegt etwas Distanziertes über diesem bewundernswerten harmonischen System, etwas Distanziertes wie über seinem Lebenslauf, der von Schmerz, Überwindung und Abgeklärtheit geprägt ist – more geometrico.

d. Hegel: Das Absolute wird geschichtlich

Georg Friedrich Wilhelm Hegel (1770–1831) schrieb über Spinozas System: »Wenn man anfängt zu philosophieren, so muss man zuerst Spinozist sein. Die Seele muss sich baden in diesem Äther, der einen Substanz, in der alles, was man früher für wahr gehalten hat, untergegangen ist. Es ist diese Negation alles Besonderen, zu der jeder Philosoph gekommen sein muss; es ist die Befreiung des Geistes und seine absolute Grundlage« (Hegel, Vorlesungen zur Geschichte der Philosophie, in: Werke G XIX, 376. Zitiert nach *Hans Küng, Existiert Gott?,* 1978, 161f).

»Wenn man anfängt«, meint Hegel, muss man Spinoza durchlebt haben. Aber er weiß auch deutlich zu sagen, warum man darüber hinauswachsen muss: »Der Spinozismus ist darin eine mangelhafte Philosophie, dass die Reflexion und deren mannigfaltiges Bestimmen ein äußerliches Denken ist.« »Spinoza bleibt bei der Negation als Bestimmtheit … stehen; er geht nicht zur Erkenntnis derselben als absoluter, d. h. sich negierender Negation fort.« Es fehlt also das Prozesshafte. »Teils fehlt dadurch der Substanz das Prinzip der Persönlichkeit – ein Mangel, welcher vornehmlich gegen das spinozistische System empört hat …« (Hegel, Wissenschaft der Logik II, Suhrkamp Taschenbuch Wissenschaft 606, Werke 6, 1986, 195). »Diejenigen, welche den Satz ›Nichts ist eben Nichts …‹ behaupten, sind bewusstlos darüber, dass sie damit dem abstrakten Pantheismus der *Eleaten*, der Sache nach auch dem spinozistischen, beipflichten« (Wissenschaft der Logik I, Werke 5, 85).

Wir stehen damit schon bei einer Kernaussage der Philosophie Hegels über das Sein, das Nichts und das Werden:

Sein, reines Sein, – ohne alle weitere Bestimmung – ist die reine Unbestimmtheit und Leere. Es ist *nichts* in ihm anzuschauen, es ist in der Tat *Nichts und nicht mehr noch weniger als Nichts*. Und das *Nichts* ist dieselbe Bestimmung oder vielmehr Bestimmungslosigkeit und damit überhaupt dasselbe, was das reine Sein ist. *»Das reine Sein und das reine Nichts ist also dasselbe*. Was die Wahrheit ist, ist weder das Sein noch das Nichts, sondern, dass das Sein in Nichts und das Nichts in Sein – nicht übergeht, sondern übergegangen ist. Aber ebensosehr ist die Wahrheit nicht ihre Ununterschiedenheit, sondern dass *sie nicht dasselbe, dass sie absolut ununterschieden*, aber ebenso ungetrennt und untrennbar sind und unmittelbar *jedes in seinem Gegenteil verschwindet*. Ihre Wahrheit ist also diese Bewegung des unmittelbaren Verschwindens des einen in dem anderen: *das Werden* « (Logik I, 83). »Es wäre nicht schwer, diese Einheit von Sein und Nichts in jedem Beispiele, in jedem Wirklichen oder Gedanken aufzuzeigen« (Logik I, 86).

An ganz anderer Stelle tut Hegel das in Bezug auf das Verhältnis eines philosophischen Systems zum anderen und damit auch des hegelschen zum spinozistischen (Phänomenologie des Geistes, Felix Meiner Verlag, 1988, 4): »Die Knospe verschwindet in dem Hervorbrechen der Blüte, und man könnte sagen, dass jene von dieser widerlegt wird; ebenso wird durch die Frucht die Blüte für ein falsches Da-sein der Pflanze erklärt, und als ihre Wahrheit tritt jene an die Stelle von dieser. Diese Formen unterscheiden sich nicht nur, sondern verdrängen sich auch als unverträglich miteinander. Aber ihre flüssige Natur macht sie zugleich zu Momenten der organischen Einheit, worin sie sich nicht nur nicht widerstreiten, sondern eins so notwendig als das andere ist, und diese gleiche Notwendigkeit macht erst das Leben des Ganzen aus. Aber der Widerspruch gegen ein philosophisches System pflegt teils sich selbst nicht auf diese Weise zu begreifen, teils auch weiß das auffassende Bewusstsein gemeinhin nicht, ihn von seiner Einseitigkeit zu befreien oder frei zu erhalten, und in der Gestalt des streitend und sich zuwider Scheinenden gegenseitig notwendige Momente zu erkennen.«

Dieses Bild vom Werdensprozess in der Philosophie bezieht sich natürlich auch auf den Unterschied von Hegels System zu dem Kants. Während sich etwa *Friedrich Schleiermacher* (1768–1834) folgsam mit seinem theologischen und philosophischen Denken auf den bei Kant für die Religion offen gehaltenen Platz begibt, entfaltet Hegel eine Metaphysik, die von Kants Kritik nicht getroffen wird. Er will gar nicht aus Erfahrung Schlüsse ziehen, die über die Erfahrung hinausgehen, sondern er fragt nach den Bedingungen und dem Wesen der Erfahrung. Er will das untersuchen, was man sonst für bekannt hält. Und das ist eben das Sein, das Nichts und das Werden.

Wir haben bereits verstanden, dass sowohl das Sein als auch das Nichts, jedes für sich reine Leere ist. Und in dieser einfachen Leere liegt der Anfang der Philosophie, ja nicht nur der Anfang der Philosophie, sondern der Anfang überhaupt. Es ist das Absolute. Und wenn »im Ausdruck des Absoluten oder Ewigen oder Gottes (und das unbestrittene Recht hätte *Gott*, dass mit ihm der Anfang gemacht werde), wenn in deren Anschauung oder Gedanken *mehr* liegt als im reinen

Sein, so soll das, was darin liegt, ins Wissen als denkendes, nicht vorstellendes, erst *hervortreten*« (Logik I, 79). Ein Hervortreten aus dem Absoluten, aus Gott, ist das Hervorbringen eines *Andern* (86).

Über dieses »Andere« werden wir später noch einmal nachdenken müssen, wenn der Begriff des »Monismus« thematisiert wird. Jedenfalls geht es um die Schöpfung aus dem Nichts. Denn »es kann (gottlob!) auch vom Nichts abstrahiert werden (wie denn auch die Schöpfung der Welt eine Abstraktion vom Nichts ist), und dann bleibt nicht Nichts, denn eben von diesem wird abstrahiert, sondern man ist wieder im Sein angekommen« (105).

Der Verlauf des Werdens vom Hervortreten des Anderen aus dem Absoluten an wird allerdings der wissenschaftlichen Betrachtung als »*ein Rückgang in den Grund, zu dem Ursprünglichen und Wahrhaften*« (Logik I, 70) zugänglich. Aber »das Wesentliche für die Wissenschaft ist nicht so sehr, dass ein rein Unmittelbares der Anfang sei, sondern dass das Ganze derselben ein Kreislauf in sich selbst ist, worin das Erste auch das Letzte und das Letzte das Erste wird« (Logik I, 70). Dieses Reden vom Kreislauf »der wissenschaftlichen Fortbewegung« darf allerdings auf keinen Fall so missverstanden werden, als habe Hegel die Vorstellung, auch die Welt sei ein ewiger Kreislauf. Der Gedanke des Kreislaufes spielt zwar auch in dieser Hinsicht eine Rolle, aber dabei geht es nur um einen einmaligen und nicht um einen ewigen Prozess. Es geht um Anfang und Vollendung im absoluten Geist. Der Prozess ist ein zeitlicher Verlauf, aber dieser zeitliche Verlauf ist in Gott ewig »vorhanden«. In seinen Vorlesungen über die Philosophie der Religion nimmt Hegel diese Überlegungen hinein in seine Gedanken über Gottes Dreieinigkeit, als innertrinitarische Vorgänge: »Die reine Tätigkeit ist Wissen (in der scholastischen Zeit: *actus purus*); um aber als Tätigkeit gesetzt zu sein, muss sie in ihren Momenten gesetzt sein: zum Wissen gehört ein *Anderes*, das gewusst wird, und indem das Wissen es weiß, so ist es ihm angeeignet. Hierin liegt, dass Gott, das ewig an und für sich Seiende, sich ewig erzeugt als seinen Sohn, sich von sich unterscheidet, – das absolute Urteil. Was er aber so von sich unterscheidet, hat *nicht die Gestalt eines Andersseins*, sondern das Unterschiedene ist unmittelbar nur das, von dem es geschieden worden. *Gott ist Geist ...* so als Totalität ist Gott der Geist ... Er ist ... *Anfang und Ende ... Er ist der ewige Prozess*« (Werke 17,223).

Muss nach diesen Darlegungen noch die Frage gestellt werden, welche Stellung Hegel denn zu den Gottesbeweisen einnimmt? Gunther Wenz schreibt dazu: »Dieses System kann in gewissem Sinne insgesamt als ontologischer Gottesbeweis verstanden werden, sofern der absolute Begriff des Begriffs aus ihm resultiert, in dessen Absolutheit der Gegensatz von Denken und Sein begriffen und aufgehoben ist. Nicht von ungefähr gilt Hegel der ontologische Gottesbeweis als der allein wahrhafte, wohingegen er in den anderen Beweisarten lediglich Vorformen erkennt, die darauf angelegt sind, in das ontologische Argument einzugehen« (Gott, 34).

Schließlich aber muss noch gesagt werden, dass für Hegel das philosophische Denken nicht etwa der einzige Zugang zu Gott ist. Vielmehr geschieht die Selbstoffenbarung Gottes für den Menschen klar ersichtlich im Christentum als der absoluten Religion.

7. Was ist verlässlich?
   Gott suchen – finden – leugnen

a. Augustinus: Das unruhige Herz

Gott zu suchen, ist etwas anderes, als Gott zu beweisen. Aber was soll das überhaupt heißen: Gott suchen? Ist er verloren gegangen oder hat er sich versteckt? Und was ist dann, wenn ich Gott gefunden habe? Was mache ich dann mit ihm?

Solche respektlosen, vordergründigen Fragen können Entrüstung hervorrufen. Sie können aber auch spürbar werden lassen, dass wir an eine tiefer liegende Schicht (Schicht wovon?) rühren, die sich sprachlich und gedanklich schwer fassen lässt. Dieses Tieferliegende ist weniger Gegenstand als vielmehr Ursprung aller Reflexion.

Vielleicht ist Augustinus der erste Schriftsteller, dem es gelungen ist, angemessen davon zu reden. Und er tut es in seinen »Confessiones« in der Form der Rede zu Gott mit Psalmworten als Auftakt. Schon gleich am Anfang seines über 400 Druckseiten umfassenden Werkes ist da der am meisten zitierte seiner Sätze zu lesen: »Du hast uns zu dir hin geschaffen, und ruhelos ist unser Herz, bis es ruht in dir.«

Von Ruhe und Ruhelosigkeit ist allerdings auch schon Jahrhunderte früher geschrieben worden, in der Schöpfungsgeschichte 1 Mose 2,2f nämlich. Da wird die Begründung für den Sabbat, den Ruhetag, als Ziel der Schöpfung gegeben. Und darauf bezieht sich der Hebräerbrief (4,1–11). Die Ruhe ist hier wie dort das Ausruhen von allen Mühen. Darum wird auch schon das versprochene, das Gelobte Land als Abbild dieses Schöpfungssabbats bezeichnet (Hebräer 3,11).

Aber wenn Augustinus von Ruhe und Ruhelosigkeit schreibt, dann geht er über diese biblischen Bilder weit hinaus. Während dort die Ruhe im Ausruhen von den Mühen und im Betrachten des Bewältigten, des Geschafften und Geschaffenen besteht, ist bei Augustinus die Ruhelosigkeit ein strukturelles Merkmal des Geschöpfs »Mensch«. Der Mensch ist im Werden. Das, worauf hin er geschaffen ist, liegt außer ihm. Und zugleich ist dieses Bezogen-Sein und auch dieses »Worauf-hin« ein Bestandteil seines Wesens. Man könnte sagen: Der Mensch ist durch sein Wesen ein Gottesbeweis. Aber genau diesen Gedanken, diese Denkrichtung des Beweisens sollten wir hier beiseitelassen, obgleich Augustinus selber schon gleich im ersten Kapitel in eine ähnliche Form intellektueller Reflexion einsteigt. Er fragt, »ob dich erkennen das Erste ist oder dich anrufen. Aber wer ruft dich an, ohne dich zu kennen?«. Auf jeden Fall ist ihm gewiss: »Die ihn suchen, werden ihn finden, und ihn findend werden sie dich loben.«

Aber wo und wie kann ein Mensch Gott finden, ihn an treffen, ihm begegnen? Einen Zweifel an Gottes Dasein hat Augustinus nie gehabt, von Jugend an nicht. Er war Sohn einer gläubigen Christin. Und auch sein Vater wurde Christ. Dieser einfache Glaube seiner Mutter erschien ihm in der frühen Jugend allerdings schon bald zu naiv. Die Schrift »Hortensius« von Cicero beeindruckte ihn mehr, obgleich er bedauerte, dass er darin nichts über Jesus Christus lesen konnte. Und während seines Studiums in Karthago schloss er sich der dualistischen Religionsgemeinschaft der Manichäer an, der er neun Jahre treu blieb. Auf all diesen Wegen war er sich des Daseins Gottes gewiss.

Doch diese Gewissheit genügte ihm nicht. Er sucht nach dem Ort in sich, an den Gott käme, wenn er ihn anriefe: »Welch eine Stätte ist in mir, wo hinkäme zu mir mein Gott?« (Conf. I,2). Er antwortet sich selber mit betenden Fragen: »Weil nichts Seiendes wäre ohne dich, ist es darum, dass dich fasst, was Sein hat?« »Ich wäre also nicht, mein Gott, ich wäre gänzlich nicht, wärest du nicht in mir. Oder wäre ich vielmehr nicht, wäre ich nicht in dir.« So ist ihm Gott in seinem Innersten näher als er sich selbst. Darum kann es zu Momenten der Erleuchtung kommen, wie Augustinus es im Buch VII,10 seiner Confessiones beschreibt: »Und ich ging hinein in meine innerst tiefste Seele unter deiner Führung, ... Ich ging hinein und schaute mit dem Auge meiner Seele, über meinem Geist das ewig unveränderliche Licht, nicht dies alltägliche, das allem Fleisch sichtbar ist. Es war auch nicht von Art und Weise dieses Lichts, nur größer etwa, als leuchte dieses viel, viel heller und überflute alles mit seiner Lichtfülle. Das war es nicht, sondern ein anderes, ein völlig anderes als alles dies. Es war auch nicht so über meinem Geist, wie Öl auf Wasser, noch wie der Himmel über der Erde, sondern höher, weil es selber mich geschaffen hat, und ich war tiefer, weil ich von ihm geschaffen. Wer die Wahrheit kennt, der kennt es, und wer es kennt, der kennt die Ewigkeit. Die Liebe kennt es. O ew'ge Wahrheit und wahre Liebe und geliebte Ewigkeit! Du bist es, du, mein Gott, dir atme ich Tag und Nacht. Und da ich dich zum ersten Mal erkannte, da warst du es, der mich zu sich erhob, damit ich sähe, dass es wirklich da sei, was ich sähe, doch ich sei noch nicht so, dass ich es sehen könnte. Und du ließest das Unvermögen meines Blicks abprallen, da du gewaltig in mir erstrahltest, und ich erzitterte in Liebe und Entsetzen: und ich fand, dass ich fern von dir sei in einem Lande, das von dir geschieden ist, und als hörte ich deine Stimme aus der Höhe: Ich bin die Speise der Großen; wachse, und du wirst mich essen. Und du wirst mich nicht in dich verwandeln wie die Speise deines Fleisches, sondern du wirst verwandelt werden in mich.«

»Und ich hörte es, so wie man mit dem Herzen hört, und da war ganz und gar nichts mehr, weshalb ich gezweifelt hätte, und leichter würde ich daran gezweifelt haben, dass ich lebe.«

Hierin wird deutlich, worin für Augustinus die Erfüllung des Lebens liegt, zugleich aber auch, dass sie in diesem zeitlichen Leben nicht dauerhaft möglich ist. Darum schreibt er in seinem bedeutenden elften Buch der Confessiones, welches die Zeit zum Thema hat, im 29. Kapitel: »Nun aber *schwinden in Stöhnen meine Jahre* (Psalm 31,11), und du bist mein Trost, Herr, du mein ewiger Vater; ich aber bin zerteilt in den Zeiten, deren Ordnung ich nicht kenne, und in stürmischem Wirrwarr zerfleischen sich meine Gedanken, das tiefste Innere meiner Seele, bis ich gereinigt und geläutert im Feuer in deiner Liebe in dir zusammenfließe.«

Vom Zusammenfließen spricht Augustinus hier nicht als einer mystischen Auflösung, sondern als der Überwindung des Zerteiltseins durch die Zeit in der zeitlosen Ewigkeit.

Und schließlich steht für Augustinus über allem, was wir über Gott sagen (Sermo 117, 3, 5 – nach Eberhard Jüngel in »Gott als Geheimnis der Welt«, 7): »Wir reden von Gott; was Wunder, wenn du nicht begreifst! Wenn du nämlich begreifst, ist es nicht Gott.« »Mit dem Geist ein Stück weit an Gott heranzureichen, ist große Glückseligkeit, ihn zu begreifen aber, ist völlig unmöglich.«

b. Feuerbach: Was ist der Glaube, und was ist Gott? Atheismus als Selbstermutigung

Mit voller Absicht stehen hier Augustinus und *Ludwig von Feuerbach* (1804–1872) nebeneinander. Beide waren sie Suchende, die darauf hofften, in der Religion, im Christentum Gott zu finden. Schon als Gymnasiast in Landshut war Ludwig von Feuerbach von einer starken religiösen Neigung erfüllt. Als 42-Jähriger schrieb er darüber: »Diese religiöse Richtung entstand aber in mir nicht durch den Religions- resp. Konfirmationsunterricht, der mich vielmehr, was ich noch recht gut weiß, ganz gleichgültig gelassen hatte, oder durch sonstige religiöse Einflüsse, sondern rein aus mir selbst, aus Bedürfnis nach einem Etwas, das mir weder meine Umgebung noch der Gymnasialunterricht gab. Infolge dieser Richtung machte ich mir dann die Religion zum Ziel und Beruf meines Lebens und bestimmte mich daher zu einem Theologen« (zitiert nach Albert Esser in der Einleitung zu Ludwig Feuerbach »Das Wesen der Religion«, Heidelberg 3. Aufl. 1983, 9f).

So beginnt er 1823 in Heidelberg das Theologiestudium. 1824 wechselt er nach Berlin und hört dort Schleiermacher und Hegel. 1825 gibt er die Theologie auf und studiert nur noch Philosophie. 1827 schließt er das Studium ab mit einer Dissertation bei Hegel über »Die Einheit, Allgemeinheit und Unbegrenztheit der Vernunft«. 1829 wird er Privatdozent in Erlangen. Mit seinem anonymen Erstlingswerk »Gedanken über Tod und Unsterblichkeit« verbaut er sich jede weitere akademische Karriere. Aber das nimmt er auf sich, weil ihm das Eintreten für seine Einsichten und Erkenntnisse wichtiger ist. 1839 wendet er sich mit seiner Schrift »Zur Kritik der Hegelschen Philosophie« öffentlich von Hegel ab. Und in seinen Werken »Das Wesen des Christentums« (1841) und »Das Wesen der Religion« (1845) legt er dann seine Religionskritik, die Auflösung der Theologie in Anthropologie, dar.

Feuerbach sagt über diesen seinen Weg der Wandlungen: »Gott war mein erster Gedanke, die Vernunft mein zweiter, der Mensch mein dritter und letzter Gedanke« (zitiert nach Hans Küng »Existiert Gott?«, 224). Sich mit diesem, seinem letzten Gedanken, d. h. mit der Auflösung der Theologie in Anthropologie, auseinanderzusetzen, darum kommt seitdem kein Theologe, im Grunde kein Christ, kein Mensch herum.

Wir wollen zu dieser Auseinandersetzung drei Themen kurz benennen.

Erstens: Die Unendlichkeit im Menschen.

Zweitens: Gott als Projektion.

Drittens: Die Einheit von Gott und Seligkeit.

Zu erstens: Feuerbach geht von der These aus: »Die Religion ist das Bewusstsein des Unendlichen« (»Das Wesen des Christentums« in dem oben genannten Band »Das Wesen der Religion« 78). Das klingt wie Schleiermachers Ansicht, Religion sei Sinn und Geschmack für das Unendliche. Ähnlichkeit liegt hier darin, dass die Religion im subjektiven Gefühl gefunden wird. Aber für Feuerbach ist es wichtig, die Unendlichkeit nicht außer sich, sondern im Bewusstsein zu finden. So sagt er: »Das Bewusstsein des Unendlichen ist nichts anderes als das Bewusstsein von der Unendlichkeit des Bewusstseins.« Er meint damit, dass das Bewusstsein unbeschränkt ist, dass es ad infinitum weiterfragen kann. Und insofern liegt die Unendlichkeit nur im Bewusstsein.

Dieser Gedanke ist für Feuerbach natürlich wichtig, wenn er Religion nur anthropologisch begründen will. Aber er ist unhaltbar, weil der Gedanke der Unendlichkeit keinen Sinn hat, wenn er nicht das Selbst des Bewusstseins übersteigt. Und diesen Widerspruch kann Feuerbach auch nicht dadurch beheben, dass er behauptet, endlich sei wohl das einzelne Bewusstsein, aber nicht das der Gattung Mensch. Auch die Gattung als endliche Anzahl bekommt keine andere Qualität als das Einzelbewusstsein.

Zweitens: Feuerbach hebt hervor, dass es bei dem Bewusstsein von Unendlichkeit eben nicht zuerst um die Unendlichkeit geht, sondern um das damit verbundene Gefühl. Und so sei es mit dem Glauben in jeder Hinsicht; es gehe ganz um die Gefühle, nicht um die »Objekte« des Glaubens. »Aber der Mensch vergegenständlicht in der Religion sein eigenes geheimes Wesen« (a.a.O. 129). Und in seiner Schrift »Das Wesen der Religion« (in demselben Band 254ff) schreibt Feuerbach am Schluss: »Die Christen wollen unendlich mehr und glücklicher sein als die Götter des Olymp; ihr Wunsch ist ein Himmel, in dem alle Schranken, alle Notwendigkeit der Natur aufgehoben, alle Wünsche erfüllt sind, ein Himmel, in dem keine Bedürfnisse, keine Leiden, keine Wunden, keine Kämpfe, keine Leidenschaften, keine Störungen, kein Wechsel von Tag und Nacht, Licht und Schatten, Lust und Schmerz wie im Himmel der Griechen stattfindet. Kurz: der Gegenstand ihres Glaubens ist nicht mehr ein beschränkter, bestimmter Gott, ein Gott mit dem bestimmten Namen eines Zeus oder Poseidon oder Hephästos, sondern der Gott schlechtweg, der namenlose Gott, weil der Gegenstand ihrer Wünsche nicht ein namhaftes, endliches, irdisches Glück, ... sondern ein alle Genüsse umfassender, aber eben deswegen überschwänglicher, alle Vorstellungen, alle Begriffe übersteigender Genuss, der Genuss unendlicher, unbegrenzter, unaussprechlicher, unbeschreiblicher Seligkeit ist. Seligkeit und Gottheit ist eins. Die Seligkeit als Gegenstand des Glaubens, der Vorstellung, überhaupt als theoretisches Objekt ist die Gottheit, die Gottheit als Gegenstand des Herzens, des Willens, des Wunsches, als praktisches Objekt überhaupt ist die Seligkeit. Oder vielmehr: die Gottheit ist eine Vorstellung, deren Wahrheit und Wirklichkeit nur die Seligkeit ist. So weit das Verlangen der Seligkeit geht, so weit – nicht weiter – geht die Vorstellung der Gottheit. Wer keine übernatürlichen Wünsche mehr hat, der hat auch keine übernatürlichen Wesen mehr.« Also nur die Wünsche bringen Gott hervor, meint Feuerbach.

Drittens: Wir haben eben Feuerbachs Satz gelesen: »Seligkeit und Gottheit ist eins.« Das klingt so ähnlich wie das, was Augustinus über die Vereinigung mit Gott schreibt. Und tatsächlich zitiert Feuerbach auch des Öfteren Augustinus. Aber an dieser Gleichsetzung von Gott und Seligkeit bzw. Gott und Himmel übt z. B. *Jürgen Moltmann* (geb.1926) mit Recht fundamentale Kritik. Er schreibt:»Wenn Gott aber selbst zur Erfüllung der menschlichen Hoffnungen und Wünsche gemacht wird, geht der Himmel verloren. In der Erfüllung werden Gott und Mensch dann eines Wesens: Gott ist dann Mensch und der Mensch ist Gott, und dieser vergottete Zustand kennt keine Transzendenz mehr, weil es in ihm keine qualitativen Differenzen von Gott und Mensch, von Himmel und Erde, von Möglichkeit und Wirklichkeit mehr gibt. Feuerbach hat nicht eigentlich die Theologie auf Anthropologie ›reduziert‹, sondern Theologie und Anthropologie gleichgesetzt, als er behauptete: Beide sprechen von demselben Wesen. Darum endet seine Religionskritik im *Anthropotheismus* und in der Vergottung des Lebens: ›Leben ist Gott, Lebensgenuss Gottesgenuss, wahre Lebensfreude ist wahre Religion.‹ Feuerbachs Religionskritik ist religiös, nicht irreligiös. Sie dient der Etablierung der ›Religion des Diesseits‹, der Religion der Erde, und erhöht die Politik zur neuen Religion« (»Gott in der Schöpfung« 1985, 184f).

Der weitere Verlauf der Geschichte und der Geistesgeschichte wurde in vielerlei Hinsicht Kommentar und Kritik zu Ludwig Feuerbachs »Botschaft«.

c. Nietzsche: Wie konnte Gott sterben?

Mit der Trennung von Hegel hatte sich Feuerbach zugleich vom Denken und vom Geist als – wie er meint – nur Abstraktem, Gedachtem und Eingebildetem verabschiedet (Vorrede zur zweiten Auflage vom »Wesen des Christentums« a. a. O. 61). Von vielen Zeitgenossen und Nachfahren wurde diese Trennung ziemlich unreflektiert mit vollzogen. Denn seine Schriften übten eine suggestive Kraft aus. Sie wirkten ähnlich wie die betörenden Flötentöne des Rattenfängers von Hameln.

Wie war es sonst möglich, dass so viele intelligente Menschen verständliche Motive mit stichhaltigen Argumenten verwechselten? Wie konnten sie Unendlichkeit für etwas Subjektives, anthropologisch Erfassbares halten? Wie konnten sie durch die Selbstapotheose Gott aus dem Spiel bringen? Wie konnten sie nach ihrer Meinung im Gottesgedanken erfüllte Wünsche als contradictio in adiecto ansehen?

Das Ganze war ein Totenschein für die Verbindlichkeit der Logik!

Auch auf *Friedrich Nietzsche* (1844–1900) hatten diese Flötentöne sehr früh ihre suggestive Wirkung ausgeübt. Nachdem er als Vierjähriger einen präkognitiven Traum vom Tod des geliebten Vaters und des kleineren Bruders gehabt hatte, starben tatsächlich beide mit einem halben Jahr Abstand. Der Vater war pietistisch orientierter Pfarrer gewesen. Und das wollte er nun auch werden, wollte sich in Gottes Härte fügen können. Aber im Suchen und »Verstehen-Wollen« hörte er auch etwas von Feuerbach. Darum setzte er auf seinen Wunschzettel zum 17. Geburtstag Schriften von Feuerbach. Und die verfehlten ihre Wirkung nicht.

Nun geht es uns allerdings hier nicht um den Zusammenhang von Leben und Werk Nietzsches und auch nicht um sein Werk insgesamt. Dazu ist viel geschrieben worden, u. a. kürzlich die empfehlenswerte Studie von Werner Thiede (»Der gekreuzigte Sinn« 2007, 63–93). Aber in unserem Zusammenhang ist es unerlässlich, das Aufkommen des Redens vom »Tode Gottes« zu erwähnen.

Zwar gab es auch schon vor Nietzsche *Jean Pauls* (1763–1825) Schreckensvision »Rede des toten Christus vom Weltgebäude herab, dass kein Gott sei« (Jean Paul, »Siebenkäs« 1796/97). Aber da heißt es in der Vision, dass »kein Gott sei«. Das ist etwas anderes, als vom »Tode« Gottes zu reden.

Die Formulierung »Gott ist tot« findet sich dagegen in Hegels »Vorlesungen über die Philosophie der Religion« (Werke 17, 297). Hegel übernimmt diese Formulierung allerdings aus dem Lied zur Grablegung Jesu »O Traurigkeit, o Herzeleid«, in welchem die zweite Strophe von *Johann Rist* (1607–1667) lautete:

O grosse Nodt!
GOtt selbst ligt todt.
Am Creutz' ist Er gestorben,
Hat dadurch das Himmelreich
Uns aus Lieb' erworben.

In späterer Zeit hat man diesen Ausdruck äußerster Selbsterniedrigung Gottes nicht mehr ertragen. Darum lautet in neueren Gesangbüchern, aber immerhin schon im 19. Jahrhundert, die zweite Zeile »Gotts Sohn ist tot« oder »Gotts Sohn liegt tot«. Der Dichterfürst Johann Rist hätte diese Veränderung wohl kaum gebilligt.

Hegel schreibt dazu: »Die Versöhnung, an die geglaubt wird in Christo, hat keinen Sinn, wird Gott nicht als der Dreieinige gewusst« (a.a.O. 298). »Gott ist als Mensch erschienen; diese Menschlichkeit in Gott, ... die letzte Schwäche und Stufe der Gebrechlichkeit ist eben der natürliche Tod. ›Gott selbst ist tot‹, heißt es in jenem lutherischen Liede; dies Bewusstsein drückt dies aus, dass das Menschliche, das Endliche, Gebrechliche, die Schwäche, das Negative göttliches Moment selbst ist, in Gott selbst ist; dass das Anderssein, das Endliche, das Negative nicht außer Gott ist« (297).

So bemüht sich Hegel, christliche Lehre christlich zu interpretieren. Davon ist Nietzsche weit entfernt.

Und er bezieht sich mit seiner Rede vom Tode Gottes auch nicht auf Hegel.

In seiner Parabel vom »tollen Menschen« spricht er eine ganz andere Sprache: Der tolle Mensch erscheint am hellen Vormittag mit einer Laterne und ruft: »Ich suche Gott; Ich suche Gott!« Die Leute lachen: » Ist er denn verloren gegangen? Oder hält er sich versteckt? Hat er Angst vor uns?« – Der tolle Mensch durchbohrt die Menschen mit seinen Blicken und ruft: »Wohin ist Gott? Ich will es euch sagen. Wir haben ihn getötet! Ihr und ich! ... Was taten wir, als wir diese Erde von ihrer Sonne losketteten? Wohin bewegt sie sich nun? Wohin bewegen wir uns? Fort von allen Sonnen? Stürzen wir nicht fortwährend? Und rückwärts, seitwärts, vorwärts, nach allen Seiten? Gibt es noch ein Oben und ein Unten? Irren wir nicht durch ein unendliches Nichts? Haucht uns nicht der leere Raum an?« (Friedrich Nietzsche, »Fröhliche Wissenschaft«, Werke in drei Bänden, Ausgabe von Karl Schlechta, Band II, 127).

Oft ist diese Parabel so verstanden worden, als stelle sich Nietzsche mit dem tollen Menschen selber dar und klage über den Verlust Gottes. Dem aber ist widersprochen worden (siehe W. Thiede a. a.O. 82) mit der Meinung, mit dem tollen Menschen sei der Schwache, der Depressive gemeint, welcher ohne den alten Gott nicht leben könne. Nietzsche dagegen triumphiert über den Tod des moralischen Gottes und bekennt sich als Übermensch jenseits von Gut und Böse zu Dionysos. So gehört die Rede vom Tode Gottes in eine mythische Sprache hinein; und auch nur darin kann sie eine Art von Sinn ergeben. Aber was verbirgt sich im Verstecken des Denkens und Fühlens im Mythos?

d. Freud: Frei werden von Gott

»Unter denjenigen, die in ihrer Religionskritik Feuerbach folgten, überragt Sigmund Freud alle anderen, sowohl was Geistesgröße wie auch was Verbreitung und Einfluss anbetrifft«, schreibt der Psychoanalytiker und Theologe *Joachim Scharfenberg* in seiner Habilitationsschrift »Sigmund Freud und seine Religionskritik« 1968. Im Folgenden werden wir uns immer wieder auf dieses Werk stützen. Andere Autoren, die sich in ihrem Wirken und Denken auf Freud gründen, lassen wir in diesem Abschnitt noch beiseite.

Sigmund Freud (1856–1939) überragt also nach Scharfenbergs Meinung auch *Karl Marx* (1818–1883). Aber das ist nicht der Grund, weswegen wir auf Marx nicht eingehen, sondern einfach aus Platzgründen müssen wir uns dieses Thema versagen.

Auch selber sieht sich Freud durchaus in der Nachfolge Feuerbachs. Und er ist dabei sehr bescheiden. So sagt er über seinen Atheismus und seine Religionskritik: »Ich habe bloß – dies ist das einzig Neue an meiner Darstellung – der Kritik meiner großen Vorgänger etwas psychologische Begründung hinzugefügt« (»Die Zukunft einer Illusion«, S. Freud, Studienausgabe, Frankfurt 1969–1975, IX, 169). Was aber die vorrangigen Motive für das Herausfinden dieser Begründungen waren, ist schwer zu sagen. Einerseits sieht er in seinem psychotherapeutischen Wirken, wie Neurosen ihren Ursprung in religiösen Projektionen und Wahnvorstellungen haben können. Deshalb möchte er um der Heilung willen diese Vorstellungen auflösen. Aber andererseits schrieb er als 40-Jähriger: »Ich habe als junger Mensch keine andere Sehnsucht gekannt als die nach philosophischer Erkenntnis, und ich bin jetzt im Begriff, sie zu erfüllen, indem ich von der Medizin zur Philosophie hinüberlenke. Therapeut bin ich wider Willen geworden« (S. Freud, Briefe, hg. von E.L. Freud, 1960, 227).

Aber was nun bei Freud auch den Vorrang gehabt haben mag, eindeutig ist, dass er durch seine Religionskritik sich und anderen Menschen zur Freiheit helfen wollte und dazu, diese Freiheit auch annehmen zu können. Unter dieser Zielsetzung sieht er drei Aspekte nötiger Kritik an der Religion: den Tabu-Gehorsam, den frommen Wahn und die illusionäre Tröstung.

Die Formulierung »Tabu-Gehorsam« ist sehr treffend, weil sie einleuchtend klarmacht, dass es dabei um eine Form von Gehorsam geht, die sich auf alte Überlieferungen gründet, deren Ursprünge undurchsichtig sind. Und gerade wegen der Undurchsichtigkeit wäre der Ungehorsam mit Angst verbunden. Diese Art von Gehorsamsforderung findet Freud aber auch noch in den gegenwärtigen Religionen und in der ihn umgebenden Gesellschaft. Hier werden Verbote, die in der frühkindlichen Erziehung zunächst nur ohne Erklärung aufgerichtet werden, nicht rechtzeitig als gegenwärtig notwendig einsichtig gemacht. Das weckt Widerstand gegen die Gehorsam fordernde Instanz. Und wird diese Instanz als Über-Ich in die eigene Psyche eingebaut, so kann es zu Selbstbestrafungstendenzen, zum Masochismus, kommen. Diese Über-Ich-Stimme des Gewissens wird weiterhin oft mit der Stimme Gottes identifiziert. Freud hat als phylogenetische Erklärung für diese Macht des Über-Ich auch noch seine eigene Konstruktion des Vaters in der »Urhorde« herangezogen.

Das Ziel der Psychoanalyse angesichts solcher Tabu-Gehorsams-Neurosen sah Freud nun einerseits im Erkennen dieser Zusammenhänge und andererseits im Gründen ethischer Entscheidungen auf Einsicht in die Notwendigkeit des rechten Verhaltens. Den Gottesgedanken hielt er bei dieser Therapie für störend, für schädlich oder auf jeden Fall doch mindestens für überflüssig.

Das allerdings kann durchaus auch anders sein. So wie das Vorbild eines geliebten Menschen zur rechten Einsicht hilfreich sein kann, so kann es mindestens auch das Denken an den liebenden und vergebenden göttlichen Vater sein, der sich im Sohn sogar selbst hingibt. Das ist dann ein völlig anderes Leitmotiv als das der Vaterdominanz und des Vatermordes.

Immerhin hat sich in dieser Hinsicht bei Freud zum Alter hin eine Wandlung vollzogen hin in »jene Richtung des Lebens, welche die Liebe zum Mittelpunkt nimmt, alle Befriedigung aus dem Lieben und Geliebtwerden erwartet« (zitiert nach Scharfenberg a.a.O. 166). »Das Götterpaar Logos und Ananke, zu dem er sich als junger Mann bekennt, wandelt sich ihm im Alter zu Eros und Ananke, Liebe und Wirklichkeit« (a. a. O. 167).

Das zweite religionskritische Thema Freuds ist der fromme Wahn. Dazu muss man, um nicht auf eine falsche Fährte zu geraten, beachten, dass Freud »unter wahnhaften Gestaltungen sinnvolle Reaktionen der Psyche« versteht, »die unter bestimmten Bedingungen zustande kommen« und folgende Charakteristika aufweisen (a.a.O. 168): Erstens ist der Wahn keine psychische Erkrankung, sondern ein Selbstheilungsversuch als Reaktion darauf, dass dem Ich eine Objektbeziehung zerstört wurde. Zweitens lebt der vom Wahn

Erfüllte nun in einer Welt, in der nur das vom Wahn Bestimmte gilt und die äußerliche Realität nebensächlich wird. Und drittens: »Wahnhafte Gebilde entstehen durch eine bestimmte Spracheigentümlichkeit, wenn nämlich eine Wortvorstellung wie eine Sachvorstellung behandelt wird, wenn ein sprachlicher Ausdruck, den wir symbolisch verstehen, wörtlich genommen wird und so der ›Stich ins Herz‹ oder der ›Schlag ins Gesicht‹ bei einer verletzenden Anrede wie eine reale Begebenheit empfunden wird« (a.a.O. 169).

Diese psychopathologischen Erscheinungen des Wahns findet Freud in der Religion auch vor, und zwar dort, wo die sprachlichen Symbole der Religion wörtlich, »literalistisch« missverstanden werden. Und das sieht Freud eben als Missverständnis an. An sich entsprechen den mythischen Symbolen, die auch in Märchen, Sagen und vor allem Träumen auftauchen, Wirklichkeiten auf manchen Lebensgebieten. Da sind die Mythen oft die einzig angemessene Sprache. Es gibt eine »mitgeborene Symbolik«, die aus der Zeit der Sprachentwicklung stammt (a. a. O. 171). Darum gefällt Freud »seine Formel von der Religion als Illusion ... schon nicht mehr, kaum dass er sie geprägt hat« (a. a. O. 174).

So möchte er auf der einen Seite »gerne annehmen, dass die Idee des einzigen Gottes deshalb so überwältigend auf die Menschen gewirkt hat, weil sie ein Stück der ewigen Wahrheit ist, aber dann lässt ihm seine Skepsis doch keine Ruhe: ›Es hat sich sonst nicht feststellen lassen, dass der menschliche Intellekt eine besonders feine Witterung für die Wahrheit besitzt‹« (a. a. O. 175).

Und schließlich spricht Freud noch von dem tröstenden, infantilen Wunschdenken. Ihm erscheinen die Lehrsätze der Religion als die »Erfüllung der ältesten, stärksten, dringendsten Wünsche der Menschheit« (a. a. O. 178). »Diesen Wunschcharakter nennt Freud Illusion. Dabei ist allerdings zu beachten, dass Freud der Meinung war, der logische Gegensatz zur Illusion sei nicht der Irrtum, sondern die Wirklichkeit.« Aber »manche Illusionen lassen sich sogar in Wirklichkeit verwandeln« (ebd.), schreibt Scharfenberg. Oder denken wir noch einmal an Augustins Aus-spruch von der Unruhe des Herzens. Natürlich korrespondieren die Unruhe und die unerfüllten Wünsche, aber die gefundene Ruhe ist nicht die erfundene Ruhe der Illusion. Es ist sehr wichtig, Erfindungen und Entdeckungen zu unterscheiden. So kann es dem Menschen gehen wie Saul, der auszog, um die Eselinnen zu suchen, und der das Königtum fand (1 Samuel 9–11).

e. Jung und Frankl: Frei werden mit Gott?

Freud selber war sich gelegentlich unsicher, ob seine Formel von der Religion als Illusion wirklich zutreffend sei. Ihm war deutlich geworden, dass die Symbolik mythischer Ausdrucksweise mit dem Wurzelgrund der Sprachentwicklung in Verbindung steht. Und ob die Deutung dieser Symbolik mit seinen psychoanalytischen Erkenntnissen erschöpft ist, ob sich die religiösen Aspekte mit der Wunsch-Illusions-These vollständig auflösen lassen, das war ihm momentweise offensichtlich fraglich. Seinem Schweizer Kollegen *Carl Gustav Jung* (1875–1961) dagegen war es überhaupt nicht fraglich. Ebenso wie für Freud spielten in seiner tiefenpsychologischen Therapie das Unbewusste und die Traumanalyse eine wichtige Rolle. Aber dass das Unbewusste nur als Bereich von Verdrängtem verstanden werden müsse, bestritt Jung. Er sieht im Unbewussten vielmehr auch Kollektives in Gestalt von Mythen, Symbolen und Archetypen.

Von Freuds Atheismus distanzierte er sich ausdrücklich. Er wollte Christ bleiben, obgleich er die aktuelle Form des Christentums durchaus auch kritisierte. Vielfach wurde allerdings gesagt, er verstehe Gott als Archetypos und damit »als eine innerpsychische Figur. Es half nichts, dass Jung dagegen geltend machte, der Begriff Typos = Schlag setze eine prägende Realität voraus« (Walter Uhsadel in »Der unwahrscheinliche Jung«, Hg. Psychologischer Club Zürich, 1977, 130). Die Frage blieb bis heute in der Schwebe.

Von denen, welche die Psychotherapie nennenswert weiterentwickelt haben, sei jetzt nur noch einer genannt: *Viktor E. Frankl* (1905-1997), Begründer einer »Dritten Wiener Richtung der Psychotherapie (Logotherapie)«. Er war Professor für Neurologie und Psychiatrie in Wien und »Professor of Logotherapy« in San Diego, Kalifornien. Seine erste Publikation erschien – auf Empfehlung von Sigmund Freud hin – 1924, als er 19 Jahre alt war.

In seiner ausgedehnten psychotherapeutischen Praxis wurde er immer wieder mit der Tatsache konfrontiert, dass Menschen nicht nur von Unbewusst-Triebhaftem oder Unbewusst-Psychischem bestimmt werden, sondern auch von Unbewusst-Geistigem, von der Frage nach einem Sinn. Dass Frankl darauf seine psychotherapeutischen Bemühungen ausrichtete, führte ihn zu großen Erfolgen. Er erkannte, dass die Psychoanalyse zur Existenzanalyse, die Psychotherapie zur Logotherapie erweitert werden müsse. Der Titel seines vielleicht bekanntesten Buches, das mehrfach aufgelegt und erweitert wurde, bringt das programmatisch zum Ausdruck: »Der unbewusste Gott. Psychotherapie und Religion« (4. Aufl. 1974). Psychotherapie und Seelsorge beginnen sich nun zu überschneiden. Während für Freud religiöse Fragen zu psychotherapeutischen wurden, begannen sich jetzt durch die Psychotherapie neue theologische Fragen zu stellen, oder besser: theologische Fragen neu zu stellen. Die Kirchen bemühen sich deshalb seit cirka vier Jahrzehnten dem Rechnung zu tragen in der Vertiefung und Erweiterung der Seelsorge-Ausbildung.

Wenn angesichts dieser Lage noch im Jahr 2007 ein Psychoanalytiker ein Buch auf den Markt bringt mit dem Titel »Warum der Mensch sich Gott erschuf«, dann klingt das daher nahezu atavistisch. Es ist schon bemerkenswert, wenn die entscheidende Frage gar nicht mehr als Frage erscheint, sondern als bereits beantwortet vorausgesetzt wird. An sich entspricht das der Definition von »Fundamentalismus«, das heißt: Das Fundament steht nicht zur Diskussion, wenn auch davon abgesehen mancherlei Vernünftiges gesagt wird.

f. Die Frage nach dem Sinn und der Zielsetzung

In den letzten Jahren hat sich eine oft gebrauchte Sprachwendung verändert. Während man früher meistens hörte, es *habe* keinen Sinn, dieses oder jenes zu tun, wird heute sehr oft gesagt, es *mache* keinen Sinn. Darin drückt sich mehr aus als nur eine Sprachmode. Sage ich, es habe etwas Sinn, so denke ich dabei an das Eingefügt-Sein in eine vorgegebene Sinnstruktur. Wenn ich dagegen sage: »Das macht keinen Sinn«, so bin ich selber der Sinngeber. Als Freud mit der Frage nach dem Sinn konfrontiert wurde, sagte er nur, wer nach dem Sinn frage, sei krank. Ein gesunder Mensch frage nicht nach dem Sinn. Die Sinnfrage sei nur das Signal einer neurotischen Störung. Sei diese behoben, so verflüchtige sich die Sinnfrage. Demgegenüber fand Frankl heraus, dass eben doch die Sinnfrage selber das Leiden sei und einer Antwort bedürfe. So ließ sich die Frage nach dem Sinn nicht weiter beiseite schieben. In der Regel ging der Sinnverlust mit dem religiösen Glaubensverlust einher: kein Gott, kein Glaube, kein Sinn.

In diesem Zusammenhang steht auch *Jean-Paul Sartres* (1905–1980) Grundsatz: Es gibt keinen Sinn, wenn du ihn nicht selbst schaffst. Und vielleicht hat *Albert Camus* (1913–1960) das Dasein noch radikaler als sinnlos empfunden, indem er es als *absurd* bezeichnete. Man könne dieser Absurdität nur die Liebe entgegensetzen.

Zeitlich parallel geht mit dieser Sinnsuche und dem Sinnverlust das Bemühen der Philosophie – vielleicht seit *Wilhelm Dilthey* (1833–1911) –, die Bedeutung des Begriffes »Sinn« zu klären. Dabei hat doch der Sinnsucher ein sehr deutliches Gefühl, was ihm fehlt, ohne es in Worte fassen zu können.

Das Erstaunliche ist aber, dass die Sinnfrage auch bei einem festgefügten Gottesglauben aufkommen kann, etwa in der Form: Wozu hat Gott mir – uns – das Leben gegeben? Hat es denn einen Sinn, immer nur weiterzuleben, auch in Ewigkeit? Kann letztlich ein gläubiger Christ darauf eine andere Antwort geben als Sartre: »Du musst deinem Leben einen Sinn geben!«?

Der Theologe *Friedrich Gogarten* (1887–1967) hat dieser christlichen Antwort auf die Sinnfrage eine bemerkenswert präzise Form gegeben. Er sagt, den Christen werde von Gott, als seinen mündigen Söhnen und Töchtern, diese Welt anvertraut, damit sie diese in voller Freiheit und Verantwortlichkeit gestalten. Damit wird die Säkularisierung als christlicher Auftrag und nicht als Entfernung von Gott verstanden. In diesem Auftrag liegt auch der Sinn. Damit gilt nun allerdings auch: »Die Welt wird dann von dem entsetzlichen Wahn befreit, als habe sie erst dann einen Sinn, wenn der Mensch ihr einen gibt« (Friedrich Gogarten, »Die Wirklichkeit des Glaubens« 1957, 193). Der Sinn liegt also darin, dass der Mensch dem Dasein einen Sinn gibt, den er vor Gott verantwortet.

8. Das Innere des Glaubens

a. »Worauf soll der Glaube ruhn?«

Wenn es denn also ein Auftrag an den Christen ist, die Welt in Verantwortung vor Gott zu gestalten, dann erhebt sich die Frage: Wo und wie empfange ich diesen Auftrag? Ehe wir uns mit dieser Frage an Gogarten, der sie geweckt hat, zurückwenden, vergegenwärtigen wir uns aber zunächst, eine wie fundamentale Frage wir da stellen. Deswegen habe ich die Überschrift gewählt »Worauf soll der Glaube ruhn?«. Diese Formulierung stammt aus einem Lied, welches *Nikolaus L. Graf von Zinzendorf* (1700–1760) 1725, also mit 24 oder 25 Jahren gedichtet hat. Es lautet:

> Herr, dein Wort, die edle Gabe,
> diesen Schatz erhalte mir;
> denn ich zieh es aller Habe
> und dem größten Reichtum für.
> Wenn dein Wort nicht mehr soll gelten,
> worauf soll der Glaube ruhn?
> Mir ist's nicht um tausend Welten,
> aber um dein Wort zu tun.

Der Glaube gründet sich also auf Gottes Wort. Das ist das Fundament. Mit dem Wort Gottes meint Zinzendorf zweifellos das Bibelwort. Und irgendwelche Leute behaupten nun anscheinend: Dieses Fundament gilt gar nicht, ist nicht tragfähig. Man spürt hier das Klima, in dem Zinzendorf aufwuchs. Er war 1710 bis 1716 Schüler des pietistisch geprägten Francke'schen Pädagogiums in Halle, welches sich in dauernder Auseinandersetzung mit dem Geist der Aufklärung in Gestalt des Hallenser Philosophie-Professors *Christian Wolff* (1679–1754) befand. Dabei war die Aufklärung hier längst nicht so radikal und aggressiv wie in Frankreich oder England.

Nichtsdestoweniger, Zinzendorf spürt einen fundamentalen Angriff der Vernunft gegen das Wort Gottes. Aber anstatt diese Frontstellung zu thematisieren oder zu reflektieren, nimmt er, wie es der Pietismus weithin tut, eine im Grunde hilflos erscheinende Trotzhaltung ein. So wird Zinzendorf ein genialer Gründer und Manager neuartiger christlicher Gemeinschafts- und Lebensformen, aber kein Theologe.

Seine zitierte Liedstrophe sprach mich, als ich sie in früher Jugend zuerst hörte, etwa so an: »O, Hilfe, wenn das Bibelwort historisch oder rational infrage gestellt werden kann, dann entgleitet ja alles! Das kann und darf nicht sein! Also: Augen zu, und durch!« Ich hatte das Gefühl, dass das Schiff bei diesem Kurs nur stranden könnte.

Im Laufe des 18. Jahrhunderts bekam das Gegenüber Vernunft gegen Bibelwort ein immer klareres Profil. Im Jahre 1777 schrieb *Gotthold Ephraim Lessing* (1729–1781) einen Brief unter der Überschrift »Über den Beweis des Geistes und der Kraft«. Darin schreibt er, wenn er zu Christi Zeiten gelebt und gesehen hätte, wie sich in Christus Weissagungen erfüllen und wie er Wunder tut, so hätte er keinen Grund zum Zweifel gehabt und hätte ihm willig seinen Verstand unterworfen und »ihm in allen Dingen geglaubt«. Aber nach so langer Zeit gebe es solche »Beweise des Geistes und der Kraft« nicht mehr, sondern nur noch »menschliche Zeugnisse von Geist und Kraft«. Und das Medium so langer Überlieferung nehme den Wundern alle Kraft; denn Überliefertes könne angezweifelt werden und lasse sich nicht beweisen. Und darum ließe sich auch *durch* Überliefertes nichts beweisen. Und dann folgt der berühmte Satz: »Zufällige Geschichtswahrheiten können der Beweis von notwendigen Vernunftswahrheiten nie werden.« Was allerdings mit »notwendigen Vernunftswahrheiten« gemeint ist, wird hier nicht klar. Geht es etwa um Logik oder Mathematik? Nein, Lessing sagt: »Wenn ich historisch nichts darwider einzuwenden habe, dass dieser Christus selbst von dem Tode auferstanden, muss ich darum für wahr halten, dass ebendieser auferstandene Christus der Sohn Gottes gewesen sei?« Das sei doch ein Hinüberspringen »in eine ganz andere Klasse von Wahrheiten«. Und das Hinüberspringen über diesen »garstigen breiten Graben« werde auch nicht dadurch möglich, dass man behauptet, die biblischen Verfasser seien vom Heiligen Geist inspiriert. Auch diese Nachricht von der Inspiration sei nicht mehr als eine historische. Damit hat Lessing natürlich völlig recht, wenn auch die Gottessohnschaft Jesu in keiner Hinsicht eine notwendige Vernunftwahrheit ist.

Søren Kierkegaard (1813–1855) ist dieser Thematik in seinem Werk sehr eingehend nachgegangen, und zwar besonders in »Philosophische Brocken« unter dem Pseudonym Johannes Climacus. Darin stimmt er Lessing zu, dass historische Wahrheiten kein Ausgangspunkt für ewiges Heil werden können. Und dabei übertrifft er Lessing sogar noch, indem er sagt, dass der den historischen Ereignissen Gleichzeitige dem Späteren gegenüber keinerlei Vorteil habe. Denn Gott ist vom Menschen »absolut verschieden« und »der Mensch absolut verschieden von Gott; wie aber sollte der Verstand dies fassen? Hier scheinen wir vor einem Paradox zu stehen« (Philosophische Brocken, Europäische Verlagsanstalt 4. Aufl. 2002, 44). Gott ist in seiner Erniedrigung unter den Menschen nicht zu erkennen. Er ist inkognito. Und das ist für die Gleichzeitigen nicht anders als für die Späteren. Wenn aber trotzdem jemand die Gegenwart des Gottes (Climacus redet von Gott immer mit dem Artikel), also wenn er die Gegenwart des Gottes im historischen Inkognito erkennt, dann liegt es allein daran, dass der Gott die »*Bedingung*« dafür gibt. »Es ist also leicht zu sehen, ... dass der Glaube kein Willensakt ist, denn alles menschliche Wollen ist stets nur möglich innerhalb der Bedingung« (a. a. O. 58). »Wie also wird der Lernende Glaubender oder Schüler? Wenn der Verstand sich selbst entäußert hat und die Bedingung bekommt. Wann bekommt er diese? Im Augenblick. Was bedingt diese Bedingung? Dass er das Ewige versteht. Aber eine solche Bedingung muss ja eine ewige Bedingung sein. – Also im Augenblick bekommt er die ewige Bedingung, und das weiß er daher, dass er sie im Augenblick bekommen hat« (a. a. O. 59). »Aber dann ist der Glaube ja ebenso paradox wie das Paradox? Ganz richtig; wie sollte er sonst im Paradox seinen Gegenstand haben und glücklich in seinem Verhältnis zu ihm sein? Der Glaube selbst ist ein Wunder, und alles, was vom Paradox gilt, gilt auch vom Glauben.«

So hat denn der Gleichzeitige dem Nichtgleichzeitigen nichts voraus. »Es gibt keinen Schüler zweiter Hand. Wesentlich gesehen sind der erste und der letzte gleich« (a.a.O. 95).

So ist also nach Kierkegaard der Glaube ein Paradox. Er ist einerseits kein Willensakt, sondern ein Wunder, ein Empfangen im ewigen Augenblick. Aber andererseits erscheint er bei Kierkegaard auch als Sprung oder als Beschluss, als Entscheidung im Augenblick der Offenbarung, die jedoch nicht vom Ich abhängig ist. So bleibt der Glaube ein Paradox.

Nicht in allem, aber an wenigstens einem Punkt ist *Karl Barth* schon in seinem Römerbriefkommentar Kierkegaard gefolgt, nämlich darin, dass auch er sagt, Gott sei vom Menschen absolut verschieden; es sei da ein unendlicher qualitativer Unterschied. Und darum ist der Mensch von sich aus auch nicht in der Lage, Gott zu erkennen oder an ihn zu glauben. Aber Barth weiß auch, dass das überhaupt keine neue Einsicht ist. So verweist er z.B. auf den Artikel 5 des Augsburger Bekenntnisses von 1530, der Grundlage der meisten reformatorischen Kirchen. Der lautet: »Solchen Glauben zu erlangen, hat Gott das Predigtamt eingesetzt, Evangelium und Sakrament gegeben, dadurch er, als durch Mittel, den Heiligen Geist gibt, welcher den Glauben, wo und wann er will, in denen, die das Evangelium hören, wirket …« (»… wo und wann er will«: »ubi et quando visum est Deo.«) Dazu sagt Karl Barth: »Das Geheimnis des *ubi et quando visum est Deo* (Conf.Aug.Art. 5) … begleitete bis jetzt wie die christliche Rede von Gott überhaupt, so auch und gerade die Dogmatik durch alle Stadien ihrer Geschichte. Es kann und wird auch in Zukunft nicht anders sein« (Kirchliche Dogmatik I,1,1932, 22f).

Das gilt auch z. B. angesichts der Äußerungen von Papst *Benedikt XVI.* (geb. 1927) in seiner Enzyklika SPE SALVI vom 30. November 2007 über den Glauben mit Bezug auf Hebräer 11,1: Der Glaube ist weder nur ein habitueller Zustand noch nur eine ständig zu wiederholende subjektive Entscheidung, sondern immer ein Gnadengeschenk »ubi et quando visum est Deo«.

Dass diese Frage »Worauf soll der Glaube ruhn?« schon durch alle Stadien die Theologie begleitet hat, zeigt Barth mit großer Zuneigung in seiner kongenialen Interpretation von *Anselm von Canterburys* »Proslogion«, zu Deutsch »Anrede« (= Gebet). Er hat diesem seinem Werk den Titel gegeben »Fides quaerens intellectum« (»Glaube, der nach Einsicht sucht«). Bekannt ist Anselms »Proslogion« hauptsächlich durch den darin dargelegten sogenannten »ontologischen Gottesbeweis« (siehe hier 6a). Dieser »Beweis« ist für Barth, aber auch für Anselm nun nicht ein Beweis, der einen Ungläubigen von der Existenz Gottes überzeugen könnte. Es ist vielmehr das fragende Verstehen-Wollen eines Glaubenden.

Das Gegenteil eines Glaubenden ist der »insipiens«, der Tor, der Unverständige (Psalm 14,1). Er hat keine Vorstellung davon, er begreift nicht, was oder wer Gott ist. »Was der *insipiens* beweisen kann, ist nur, aber auch nur das, dass er den nicht kennt, dessen Dasein er leugnet« (Barth, Fides quaerens … 171). Er hat keinerlei Einsicht, dass Gott nicht so existiert, wie anderes existiert. Gott ist auch nicht nur von einzigartiger Existenz. Vielmehr ist Gottes Existenz die »alle Existenz schlechthin begründende Existenz, eben darum auch die allein im strengen Sinne beweisbare Existenz«. »Vorausgesetzt, dass seine Existenz dem Denken durch den *Glauben* an Gott mit Notwendigkeit aufgegeben ist, *muss* sie erkannt und bewiesen werden: nicht nur weil die Erkenntnis aller anderen Existenzen … steht und fällt mit der Erkenntnis *dieser* Existenz, sondern darum, weil hier und nur hier die Frage der Existenz *selber* und nicht nur … die Frage der Existenz irgendeines Dinges aufgeworfen ist« (a.a.O. 101). »Der offenbare Gott heißt *quo maius co-*

gitari nequit« (das, über dem ein Größeres nicht gedacht werden kann) (a.a.O. 145). Und Anselm sagt (Proslogion I, 103, 1f): »Also ist ›Etwas, über dem ein Größeres nicht gedacht werden kann‹, in der Weise in Wahrheit da, dass es auch nicht als nicht-daseiend gedacht werden kann« (a.a.O. 145f). »Denn keiner, der Gott selbst erkennt, kann denken: ›Gott ist nicht da‹ – mag er auch diese Worte, sei es ohne, sei es in einem unsachgemäßen Sinn, in seinem Herzen sagen« (Anselm nach Barth a.a.O. 169). Abschließend betet Anselm: »Dank dir, guter Herr, Dank dir, dass ich, was ich zuerst aufgrund deiner Gabe glaubte, nun aufgrund deiner Erleuchtung so erkenne, dass ich dein Dasein, auch wenn ich nicht glauben wollte, nicht nicht erkennen könnte« (Proslogion I, 104, 5ff nach Barth a. a. O. 173). So gab sich Gott dem Erkennen Anselms »zum Gegenstande, und Gott *erleuchtete* ihn, dass er ihm als Gegenstand erkennbar wurde« (a.a.O. 174).

»Dass man Anselms Beweis der Existenz Gottes immer wieder den ›ontologischen‹ Gottesbeweis hat nennen mögen, dass man nicht hat sehen wollen: er steht in einem anderen Buch als die bekannte Lehre von *Descartes* und *Leibniz*, dass man meinen konnte, er sei durch das, was *Kant* gegen diese Lehre vorgebracht hat, auch nur von ferne mit betroffen, das war eine Gedankenlosigkeit, über die nun kein Wort mehr verloren sein soll« (Karl Barth a. a. O. 174).

Also: »Worauf soll der Glaube ruhn?« Auf dem, an den er glaubt, erleuchtet und getragen »wann und wo es Gott gefällt«. Über dieses Paradoxon des Glaubens kommen wir nicht hinaus – oder vielleicht doch?

Zum Schluss dieses Abschnittes wenden wir uns noch einmal zurück zu Gogarten, der die Frage aufgeworfen hatte. In der Zeitschrift »Eckart« (April-Juni

1952) findet sich ein Aufsatz von ihm: »Entscheidung im Nichts«. Darin lesen wir: »Die Frage nach dem Menschen wird vom Menschen gestellt ... Was bin ich, wer bin ich?« (296). »Von wem wird ihm diese Frage gestellt?« »Diese Frage kommt aus seinem eigenen Ursprung.« Sie »kommt von daher, wo alles dieses, was unsere Welt macht, nichts ist. Sie kommt ... aus dem Nichts. Wo ich aus meinem Ursprung her nach mir selbst gefragt werde, da werde ich vor dieses Nichts gestellt« (297). »Und beantworten kann ich sie (die Frage) nur mit mir selbst: indem ich vor diesem Nichts, in dieses Nichts hinein ich selbst bin, Mensch bin.« »Im wirklichen echten Vertrauen wagt der Mensch es mit dem Nichts« (298). »Das also ist die Frage nach dem Menschen, in der sich für den heutigen Menschen die Gottesfrage meldet« (299). So »meldet sich in der Frage nach sich selbst die Gottesfrage«. Wieso? Vom Ursprung des Menschen war oben die Rede. Und »was meint unsere Sprache eigentlich, wenn sie Gott sagt? Sie meint auf jeden Fall ein Unerforschliches und Unsagbares; sie meint eine Majestät von unausdenkbarem Glanz, sie meint ein Fernes und ein Nahes, das uns so nahe ist, wie wir selbst es nicht sind. Und sie meint das alles als das, was wir anrufen, weil wir ohne es nicht sind, was wir sind, nämlich Mensch. Den Namen Gottes kann darum keiner im Ernst nennen, ohne sich damit als den auf ihn Angewiesenen zu bekennen« (200). »Für diesen Menschen kann an Gott glauben nur noch heißen, dass er radikaler und entschlossener, als die Resignation und Verzweiflung es tun, sich dem Nichts aussetzt, das sich da vor ihm öffnet, und dass er eben darin sein totales Angewiesensein auf Gott ergreift und so sich selbst empfängt als den, der er aus göttlichem

Ursprung ist. Es ist wohl deutlich, wie nah dieser Glaube an Gott dem christlichen Glauben ist« (201).

Und von hier aus öffnet Gogarten den Zugang zu der Verkündigung Jesu Christi und auch zu Luther. Aber andersherum ist auch ganz deutlich, dass in der oben dargestellten Existenzerhellung eine christliche Vorprägung und der Geist Gottes am Werk sind, sodass von einer eigenen »Entscheidung im Nichts« kaum die Rede sein kann.

b. Sprechen von Gott, sprechen mit Gott, sprechen ...

Was diese Überschrift zum Thema macht, ist unumgänglich. Wir können es uns nicht ersparen, obgleich es viel Raum brauchte, den wir hier nicht haben. Aber die Sprache ist ja die Grundlage und das Medium für alles, was wir hier betreiben. Und darum kann es nicht unreflektiert beiseite geschoben werden.

Gerade eben wurde es angeschnitten durch Gogartens Frage: »Was meint unsere Sprache eigentlich, wenn sie Gott sagt?« Und dann gibt er eine recht umfangreiche Antwort. Das ist nun mehrere Jahrzehnte her. Ich weiß nicht, ob es heute noch viele Leute gibt, die so fragen und so antworten würden. Wir mussten uns ja zu Anfang dieser Abhandlung erst einmal auf einen Inhalt, eine Bedeutung des Wortes »Gott« festlegen, damit wir uns einig sind, wovon wir reden. »Die Sprache« gibt uns da keine Auskunft. Die Sprache »meint« auch nichts, genauso wenig wie ein Tennisball etwas meint. Aber Menschen spielen mit ihr, leben mit ihr, leben durch sie, und sicher macht auch die Sprache viel mit den Menschen. Wenn aber jemand fragt, was die Sprache mit diesem oder jenem Wort meine, dann liegt dem die Vorstellung zugrunde, man brauche nur im Wörterbuch nachzuschlagen, da stehe es ja geschrieben. Ja, natürlich komme noch hinzu, wie dieses Wort in einem Satz eingeordnet ist. Aber dann habe man das Werkzeug in der Hand, um alles zu erfassen. Diesen Standpunkt hat im Extrem *Ludwig Wittgenstein* (1889–1951) vertreten in seiner »Logisch-philosophischen Abhandlung«. In seinem Vorwort dazu schrieb er dazu 1918: »Was sich überhaupt sagen lässt, lässt sich klar sagen; und wovon man nicht reden kann, darüber muss man schweigen.« Nach der Vollendung dieses kleinen, bedeutenden Werkes wandte sich Wittgenstein von der Philosophie ab, weil er meinte, nun sei alles gesagt; die Philosophie sei damit für immer beendet.

Etliche Jahre später aber kam er zu neuen Einsichten. Er erkannte die Vielfalt der Sprache, sah, wie Wörter und Sätze in verschiedenen Umfeldern auch verschiedene Bedeutung haben. Er bezeichnete das als unterschiedliche »Sprachspiele« und gab seiner Philosophie eine neue Richtung.

Inzwischen hat sich die Philosophie der Sprache weit entfaltet. Und die Anstöße dazu kamen durchaus nicht nur von Wittgenstein. Hier sollen nun wenigstens einige Erkenntnisse und Perspektiven genannt werden, welche für die Theologie im engeren Sinne von großer Bedeutung sind.

Da geht es zunächst einmal darum, dass Sprache gesprochen wird. Sie wurde gesprochen, lange bevor sie geschrieben wurde. Und die Sprache bringt zum Ausdruck, ob die erste, zweite oder dritte Person spricht oder ob zu ihr gesprochen wird. So sind also offensichtlich die Personen vor der Sprache da. Jedenfalls scheint es auf den ersten Blick so zu sein. Um mit der Sprache umgehen zu können, muss man die erste, zweite und dritte Person unterscheiden können. Das Erlernen dieser Unterscheidung hängt aber wiederum mit der Sprache zusammen. Und so ergibt sich ein Zirkel. Und das Wesentliche in diesem Zirkel ist das Ich-Bewusstsein. Vor dem Erwachen des »Ich« ist alles »Es«. Diese Erkenntnis S. Freuds ist unumgänglich. Wie aber das Ich zustande kommt, hat m. E. ein Zeitgenosse Freuds besser klargemacht. Ich meine *George Herbert Mead* (1863–1931). Er war Schüler von *William James* (1842–1910) und lehrte bis zu seinem Tode als Professor für Philosophie, speziell für Sozialpsychologie, in Chicago. Leider haben Freud und Mead nicht kooperiert. Mead hielt Freuds Psychologie für »mehr oder weniger phantastisch«. Ohne sich an einer solchen Wertung zu beteiligen, kann man aber eindeutig sagen, dass Mead für die Darstellung der Ich-Entwicklung durch die englische Sprache einen Vorteil gehabt hat; denn darin wird ja unterschieden zwischen »I« und »me«. Hat das Kind erst einmal herausbekommen, dass die Großen bei unmittelbaren eigenen Reaktionen »I« sagen (z. B. »Ich habe dir doch eben gesagt ...«), dann wird es das alsbald auch übernehmen. Das »I« ist die Reaktion des Organismus auf die Haltung anderer. Beginnt aber der junge Mensch sich als Teil der ihn umgebenden Gemeinschaft zu erkennen, so wird er das da von ihm in seiner Umgebung entworfene Bild zunächst übernehmen. Das ist »me«. Aber dann gibt es da eine Differenz zwischen dem entworfenen und dem gefühlten »Selbst«. Damit gehen wir nun hinaus über G. H. Mead. Aber wir haben hier nicht die Möglichkeit, zu erörtern, welche Impulse von *Martin Buber* (1878–1965), *Franz Rosenzweig* (1886–1929), *Jacques Lacan* (1901–1981), *Jacques Derrida* (1930–2004) und anderen ausgegangen sind.

Also es gibt eine Differenz zwischen dem von der Umgebung entworfenen und dem selbst gefühlten »Selbst«. Diese Differenz ist weithin vorsprachlich. Sie ist wohl von konstituierender Bedeutung für die Persönlichkeit, aber wegen ihrer Vorsprachlichkeit kaum bewusst. Derrida schreibt in »Die différance« (mit »a«!, deutsch bei Reclam 2004, 137): »... die différance bezieht uns auf das, was ... die Alternative von Gegenwart und Abwesenheit überschreitet. Eine bestimmte Andersheit – Freud gibt ihr den metaphysischen Namen des Unbewussten – wird von jedem Prozess der Vergegenwärtigung, der sie aufruft, sich in Person zu zeigen, unterschlagen.«

So ist also im Sprechen immer das nicht Aufrufbare mit gegenwärtig. Wo wir in objektivierender Weise sprechen, also in der Ich-Es-Beziehung, da geht dieses nicht Aufrufbare nahezu verloren. Nur sorgfältige hermeneutische Bemühungen lassen unter Umständen etwas davon erahnen. Aber in der Ich-Du-Beziehung wird es mal mehr, mal weniger spürbar als ein »Zwischen«. So ist diese intersubjektive Beziehung durch das »Zwischen« mehr als die Addition zweier Subjekte. Sie ist auch mehr als »Sprache« und »Sprechen«; sie ist ein »Sprachgeschehen«.

Dieses über die Inhaltsangabe der Worte und Sätze hinausgehende Geschehen im Sprechen ist nun in der Theologie auch auf das Wort Gottes, ja auf Gott selbst übertragen worden. Zwar kann hier nicht von dem durch die Persönlichkeitsentwicklung bedingten Unbewussten die Rede sein, aber das Unnennbare ist ja viel mehr als das Unbewusste. So ist das Wort »Gott« für uns kein Autosemantikon, das heißt kein Wort, das in sich allein eine Bedeutung hätte, sondern es erhält seine Bedeutung erst durch die Rede, in der es erscheint. Es ist also ein »Wortgeschehen«. So heißt es im Prolog des Johannesevangeliums (Johannes 1,1): »Im Anfang war das Wort, und das Wort war bei Gott, und Gott war das Wort.« »Alle Dinge sind durch dasselbe gemacht« (V. 3). »Und das Wort ward Fleisch und wohnte unter uns« (V. 14). »›Gott‹ – das ist das Geheimnis der Wirklichkeit.« Und darum lebt der Mensch von diesem Wort (*Gerhard Ebeling*, 1912-2001, »Gott und Wort«, 1966, 61). »Sobald jene Wortsituation verlassen ist und Gott so oder so in die Wirklichkeit verrechnet wird, statt als das Geheimnis der Wirklichkeit uns anspruchsvoll zu ergreifen, ist Gott getötet« (ebd. 62).

Wir müssen diesem Wort »Geheimnis« noch weiter nachgehen. Aber zuvor hier noch einige Gedanken zu dem Wort »Gott« von *Ingolf U. Dalferth*, geb. 1948 (»Inbegriff oder Index?«, in: »Gott der Philosophen – Gott der Theologen«, hrg. von Christof Gestrich, 1999). Seine Antwort auf die Frage, ob »Gott« ein Inbegriff oder ein Indexwort sei, bezeichnet er als einen Beitrag »zur philosophischen Hermeneutik von ›Gott‹«. Dabei distanziert sich Dalferth von Hegel und lässt sich in mancherlei Hinsicht von *Friedrich Schleiermacher* (1768–1834) leiten. Dalferths Antwort ist eindeutig: »Gott« ist ein Indexwort. Bei dem Wort »Index« dürfen wir hier nicht an eine Inhaltsangabe denken, sondern an »Hinweis«. Indexwörter »lassen sich nicht semantisch explizieren und begrifflich definieren« (118). Indexwörter sind z. B. *ich, du, hier, dort, jetzt, heute, gestern* u.s.f. Sie alle fungieren als Verweiszeichen auf die Gebrauchs- oder Sprechsituation. »Indexwörter treten nicht isoliert auf, sondern bringen Orientierungssysteme ins Spiel« (119). »*Mit Indexwörtern reden wir nicht von der Welt, sondern zeigen an, wie wir uns und anderes in der Welt lozieren*« (ebd.). In diesem Sinne ist Gott ein Indexwort. »Für Aussagen mit dem Indexwort ›Gott‹ gilt deshalb, dass ihnen keine Gott-Fakten entsprechen. Sie bringen vielmehr eine bestimmte Einstellung zu den Möglichkeiten und Wirklichkeiten dieser Welt zum Ausdruck, sodass sie *coram deo* (angesichts Gottes) loziert sind und als Gott zu verdankende Schöpfung verstanden und behandelt werden müssen. *Die Welt, in der wir leben, umfasst nicht neben Fakten auch noch Gott-Fakten, sondern indem wir in der Welt vor Gott leben, verhalten wir uns zu allem Wirklichen und Möglichen als Gottes erlösungsbedürftiger und vollendungsfähiger Schöpfung*« (122).

»Wer in christlichen Lebensvollzügen ›Gott‹ sagt, loziert sich Gott gegenüber als dessen Geschöpf und bringt seine Einstellung zum Ausdruck, sich zu ihm als seinem Schöpfer und zu allem von ihm Verschiedenen als seiner Schöpfung zu verhalten. Die Nichtselbstverständlichkeit seiner Welt wird für ihn so zum Ort von Gottes Gegenwart. Das fügt ihr nichts hinzu, hebt ihre Kontingenz auch nicht auf, sondern ermöglicht ein Sichverhalten zu ihrer Kontingenz, das Folgen für die Lebensgestaltung hat« (124).

c. Geheimnis des Glaubens und die Dimension des Gebetes

Im vorigen Abschnitt hatten wir Gerhard Ebelings Formulierung von 1966 gelesen, Gott sei das Geheimnis der Wirklichkeit. 1977 erschien ein bedeutendes Buch von *Eberhard Jüngel* (geb. 1934) mit dem Titel »Gott als Geheimnis der Welt«. Und im April 2008 schrieb *Klaus-Peter Jörns* (geb.1939), der Verfasser des Buches »Notwendige Abschiede« (2004), im »Deutschen Pfarrerblatt« (200): »Dass wir Gott im Leben als Geist und Liebe begegnen, ist das Einzige, was wirklich Geheimnis genannt zu werden verdient.« Und dann wendet er sich in einer Anmerkung gegen die Formulierung »Geheimnis des Glaubens« in der Abendmahlsliturgie und kommt damit auf eins seiner bevorzugten Themen zu sprechen. Mir kommt das Ganze vor wie ein Streit um Nebelschwaden in der Dämmerung. Der Ursprung für diesen Eindruck liegt vielleicht darin, dass der Begriff »Geheimnis« einen weitverbreiteten Respekt genießt und zugleich den Rückzug ins Irrationale ermöglicht, wo sonst in der vernünftigen Erörterung nur die Kapitulation übrig bliebe. Darum ist eine kurze Begriffsklärung unvermeidlich.

Zuerst hat Luther das Wort Geheimnis verwendet als Übersetzung des griechischen Wortes »Mysterion«. Diese deutsche Wortbildung hat einen offensichtlichen Bezug zu »Heim«, »heimlich«. Aber der Inhalt des Wortes ist nun ganz durch das griechische Wort Mysterion gegeben. Dieses erscheint im Rahmen der Bibel zuerst in den hellenistisch beeinflussten Teilen des Alten Testamentes. Das Buch Daniel steht da an erster Stelle: Durch den Propheten wird das Geheimnis von Zukünftigem offenbart. Wohl wird in dieser Zeit auch als Geheimnis bezeichnet, was nur Freunde und vertraute Menschen wissen und was sie für sich behalten, was sie »geheim« halten wollen. Aber gewichtiger ist doch das Geheimnis des Verlaufes der Geschichte, das nur Gott kennt. Nur Verfasser apokalyptischer Schriften schreiben, dass ihnen darüber etwas offenbart worden sei, was sie nun niederschreiben.

Das Ziel des geheimen Geschichtsablaufes ist die Gottesherrschaft. Und wenn nun Jesus zu seinen Jüngern sagt: »Euch ist es gegeben, die Geheimnisse des Himmelreiches zu verstehen« (Matthäus 13,11), so ist damit genau dieses gemeint: Ihr wisst, dass in mir, Jesus, die endgültige Gottesherrschaft beginnt. Und das ist es auch, was Paulus im ersten Korintherbrief (2,1; 2,7; 4,1) meint und was im Epheser- und Kolosserbrief mehrfach genannt wird: Das Geheimnis Gottes ist Christus (Kolosser 2,2). Allerdings kommt gelegentlich auch ein ins Allgemeine erweiterter Begriff des Wortes vor, so z. B. 1 Korinther 13,2: »... und wüsste alle Geheimnisse ...«

In der frühen Kirche macht sich dann noch ein Sprachgebrauch der Mysterienkulte bemerkbar. Da gibt es eine Pflicht zur Geheimhaltung manchen Wissens und mancher Riten, die nur den Eingeweihten bekannt sein dürfen. Das wurde teilweise für das Christentum übernommen. So hat z.B. Ambrosius erst bei dem Vollzug seiner Taufe als Erwachsener (374) den genauen Ablauf der Taufhandlung kennengelernt, und das, obgleich er schon zuvor zum Bischof gewählt worden war! Er schreibt darüber, wie tief ihn dieses Mysterium beeindruckt habe.

Dieses Mysterium wurde allerdings in der lateinischen Sprache schon früh als »sacramentum« bezeichnet. »Sacramentum« war bis dahin der Fahneneid der römischen Soldaten, also eine Einweihungshandlung. Aber schon *Tertullian* (ca.150–222) bezog es auf die Taufe als Einweihungshandlung zum Christsein.

Später taucht dann in der Abendmahlsliturgie wieder das »Mysterium« auf als Formel, die den Inhalt des Geschehens und den Glauben des Empfängers miteinander verbindet: Geheimnis des Glaubens. Hier wird also die endzeitliche Gegenwart Gottes in Jesus Christus und die Hingabe Gottes an den Glaubenden im Sterben und Auferstehen Jesu Christi gegenwärtig. Die Gemeinde der Gläubigen verkündet es und empfängt es in lobpreisender Anbetung. Hier geht es immer noch um das Geheimnis des Himmelreiches, von dem Jesus sprach (Markus 4,11; Matthäus 13,11; Lukas 8,10).

Wenn wir von diesem neutestamentlichen Gebrauch her nun an Eberhard Jüngels Buchtitel »Gott als Geheimnis der Welt« denken, so scheint dazwischen ein großer Abstand zu bestehen. Das ist aber nicht der Fall, denn wir lesen dort (4. Aufl. 1982, 299): »Das besondere eschatologische Ereignis der Identifikation Gottes mit dem Menschen Jesus ist zugleich das innerste Geheimnis des göttlichen Seins.« Und: »In der Identität mit Jesus Christus ist Gott das eigentliche Geheimnis der Welt« (519). Dieses Geheimnis muss zugleich gewahrt und als Geheimnis verkündigt werden.

1932 klagte Karl Barth (Kirchliche Dogmatik I, 1, 1932, IXf) über die Bedeutungslosigkeit des modernen Protestantismus, dem mit der Trinität eine ganze dritte Dimension, die Dimension des Geheimnisses, abhandengekommen sei. Eine Zeit lang hat er damit den Protestantismus aufgeschreckt und zum Aufhorchen gebracht. Aber inzwischen greift die Verflachung, verbrämt mit einer als Geheimnis und Spiritualität bezeichneten irrationalen Gefühligkeit, doch wieder um sich. Das sagt nichts gegen die Begriffe »Geheimnis« und »Spiritualität«, aber gegen ihren gedankenlosen Missbrauch. Ich möchte uns darum hier noch auf zweierlei Weise, aus der Philosophie und aus der Theologie, Hilfestellung geben lassen.

Der Philosoph *Colin McGinn* (geb. 1950) wird von manchen als »Mysteriker« bezeichnet. Als ich ihn fragte, in welchem Maße sich Theologen für seine Philosophie interessieren, antwortete er (C. McGinn, »Über die Ewigkeit der Zahlen und natürliche Geheimnisse«, in: »Ewigkeit?«, Hg. Otfried Reinke, 2004, 80): »Sowie man von Geheimnis spricht, stürzen sich die Theologen darauf ... aber ich entfalte diese Geheimnisse nicht so, wie die Theologen es gern möchten.« Und dann legte McGinn dar, dass unser Intellekt (mind) nicht so beschaffen ist, dass er die Unendlichkeit der Zeit und des Raumes erfassen könnte. Das seien natürliche Geheimnisse. Und weitere natürliche Geheimnisse seien das Bewusstsein (hierzu sein Buch: »Wie kommt der Geist in die Materie?«, deutsch, 4. Aufl. 2005) und schließlich, wie wir zu a-priori Wissen kommen: »A-priori-Wissen könnte bei uns das sein, was Gottes Natur am nächsten kommt, weil es uns eine spezielle, geheimnisvolle Art des Wissens gibt« (McGinn, 2004, 101).

Und zum Schluss lassen Sie uns einen Blick werfen in die »Systematische Theologie« (Band 1, deutsch 1955) von *Paul Tillich* (1886–1965). Da lesen wir:

»Das echte Geheimnis erscheint erst da, wo die Vernunft über sich selbst hinaus zu ihrem ›Grund und Abgrund‹ vorstößt, zu dem, was der Vernunft ›vorausgeht‹, zu dem Faktum, dass ›das Seiende ist und das Nicht-Seiende nicht ist‹ (Parmenides), zu der Urtatsache, dass *etwas* ist und nicht *nichts*. Wir können dies die ›negative Seite‹ des Geheimnisses nennen« (133).

»Die positive Seite des Mysteriums – die die negative in sich schließt – manifestiert sich in der aktuellen Offenbarung. Hier erscheint das Mysterium als Grund und nicht nur als Abgrund. Es erscheint als die Macht des Seins, die das Nicht-Sein überwindet. Es erscheint uns als etwas, was uns unbedingt angeht« (134).

»Offenbarungserfahrungen sind in die allgemeinen Erfahrungen eingebettet. Sie sind von ihr unterschieden, aber nicht getrennt. Weltgeschichte ist die Grundlage der Offenbarungsgeschichte, und in der Offenbarungsgeschichte enthüllt die Weltgeschichte ihr Geheimnis« (188).

Und »in jedem wirklichen Gebet sind die Zeichen der Offenbarung – Geheimnis, Wunder und Ekstase – gegenwärtig« (154). So sind also das Gebet und »die Personbeziehung zwischen Gott und Mensch konstitutiv für die religiöse Erfahrung. Nichts kann den Menschen letztlich angehen, was weniger als er ist, also etwas Unpersönliches«(264). Aber das »bedeutet nicht, dass Gott eine Person ist. Es bedeutet, dass Gott der Grund alles Persönlichen ist und in sich die ontologische Macht des Persönlichen trägt. Er ist nicht eine Person, aber er ist nicht weniger als persönlich« (289).

Und darum gibt es keinen Glauben an Gott ohne Gebet.

9. Nicht mehr von Gott reden,
   damit wir wieder miteinander
   reden können?

a. In Kirche und Theologie

Nach dem, was uns im vorigen Kapitel beschäftigte, erscheint diese Überschrift wie ein Rückschritt. Hatten wir nicht schon ein Problembewusstsein erreicht, das uns dazu befreit, ohne Angst das Wort »Gott« auszusprechen? Denn Angst ist hier ja wohl im Spiel. *Dorothee Sölle* (1929-2003) schreibt in »Die Hinreise« (2. Aufl. 1976, 25f), dass sie, nachdem sie zum Studium der Theologie übergewechselt sei, eine Bekannte ihrer Eltern getroffen habe, die zu ihr sagte: »Ach, ich wusste gar nicht, dass Sie so religiös sind!« Und dazu schreibt sie: »Dieser Satz war ein echter Schock für mich, selbst in der Erinnerung war er mir noch jahrelang peinlich.«

Religion, Gott, das hat also offensichtlich für viele etwas mit »naiv« und »weltfremd« zu tun. Und wer will schon so eingeschätzt werden! Da macht es sich natürlich besser, wenn man sich nur zur christlichen Nächstenliebe bekennt. Und das kann man ja tun, ohne von Gott zu reden. Dann gehört man wieder zu den normalen Menschen. So etwa ist das Klima (gewesen). Es wurde noch verstärkt durch den marxistisch-leninistischen Atheismus und durch die »Theologie nach dem Tode Gottes«.

In seinem Buch »Gott« hat sich *Heinrich Ott* (1929-2013) 1971 damit auseinandergesetzt. Und er hat darin entschieden bestritten, dass man *Dietrich Bonhoeffer* (1904-1945) mit Recht als Vertreter eines solchen Denkens heranziehen könne (28f). »Bonhoeffer dachte nicht daran, auf die von ihm erkannte und tief visionär erlebte A-Religiosität des Zeitalters mit der Auswechselung des ›theistischen‹ (personalen) Gottesbegriffes gegen einen a-theistischen (a-personalen) zu reagieren. Sein ganzes Lebenswerk, vor allem auch der letzten Zeit, ist voll von Zeugnissen seiner persönlichen Beziehung zu einem persönlichen Gott, seines Betens und seines Glaubens an die Führung und Fürsorge Gottes: ›Ich glaube, dass Gott kein zeitloses Fatum ist, sondern dass er auf aufrichtige Gebete und verantwortliche Taten wartet und antwortet‹ (Widerstand und Ergebung, S. 23f) Ähnliche Äußerungen finden sich bei Bonhoeffer, zumal beim späten, häufig.

Aber Bonhoeffer sah sich vor die Tatsache gestellt, dass eben dieser persönliche Gott sich in unserm Zeitalter verbirgt, dass er selber uns zwingt, so ›vor ihm‹ zu leben, ›als ob es ihn nicht *gäbe*‹ (etsi deus non *daretur* = Irrealis!), mit uns selber und mit der Welt fertig zu werden und ohne die ›Arbeitshypothese Gott‹, den man immer dann gebraucht und in die Lücke einsetzt, wenn man selber mit einem Problem nicht zurande kommt. Stattdessen will uns dieser Gott, der sich verbirgt und uns in gewisser Weise allein lässt, nicht an den Lücken und Rändern unserer Erkenntnis, sondern in der ›Mitte unserer Existenz‹ begegnen: in unserem Sein mit und für den Mitmenschen.

Gottes Selbst-Entzug und Verbergung im a-religiösen Zeitalter ist somit nach Bonhoeffer nicht nur etwas Negatives, sondern zugleich etwas Positives: nämlich gerade eine neue Ent-Bergung, ein neues Begegnen, eine neue Begegnungs-Weise Gottes.

Und auch Dorothee Sölle kam in späteren Jahren zu anderen Aussagen, als sie ihr Buchtitel von 1983 »Atheistisch an Gott glauben« ahnen ließ. In dem letzten von ihr selbst zur Veröffentlichung gegebenen Beitrag (»Deine Gnade ist besser als Leben« Psalm

63,4 in: O. Reinke, Hg., »Ewigkeit?«, 2004) heißt es: »Vergangenheit und Zukunft spielen für Gottes Leben keine Rolle, er ist, der er ist. Und er lässt sich erfahren, das ist eines der großen Wunder Gottes, wir können die Gottheit manchmal spüren« (178). Und: »Gott bleibt, Gott lebt noch, vielleicht erinnert er sich, er ist Liebe und hört nicht auf« (179).

So hat die sogenannte nach-theistische Theologie in den letzten Jahrzehnten einen Prozess durchlaufen.

Besondere Erwähnung verdient dabei noch das Buch des atheistischen Marxisten *Vitezslav Gardavský* (1923-1978) »Gott ist nicht ganz tot«, Prag 1967, deutsch, mit einer Einleitung von *Jürgen Moltmann*, 1968. Darin schreibt Gardavský: »Gelten doch in unserer von so viel Hoffnung und so viel Verzweiflung zugleich erfüllten Zeit die beiden Thesen, die wie zwei Seiten einer Medaille zusammengehören: Gott ist nicht ganz tot. Der Mensch ist nicht ganz lebendig« (28).

Aber eine Veröffentlichung von *Matthias Kroeger* (geb. 1935) »Im religiösen Umbruch der Welt: Der fällige Ruck in den Köpfen der Kirche«, 2004, ließ dann doch wieder aufhorchen. Ein »Ruck in den Köpfen«, das passte in der Rede des Bundespräsidenten *Roman Herzog* (1934-2017) vielleicht ganz gut, aber für einen erwünschten religiösen Wandel klang es doch unangenehm gewaltsam. Der Inhalt des Buches dagegen wird der Zielsetzung des Autors eher gerecht. In seiner Einleitung beklagt er viel Theologielosigkeit in der »TheologInnenschaft«, und bei ReligionslehrerInnen stellt er eine Abkoppelung von der Tradition und von religiösem Bewusstsein fest und ein substanzloses Ausblenden von Schwierigem und Anstößigem. Und da reicht er nun in seinem Buch allerlei

Bildungsgut nach. Tragisch nur ist es, dass er auf einen »Non-Theismus« drängt. Eine personale Glaubensbeziehung wird im Prinzip gekappt, wenn er sagt: »Die Anrede des unpersönlichen Göttlichen als ›Du‹, die immer wieder gewagt werden kann, wäre dann als berechtigte und vorgreifende, wagende Projektion zu verstehen und zu bejahen« (107). Das klingt nicht sehr aufbauend. Und ich weiß nicht, ob dem Leser durch dieses Buch mehr gegeben oder mehr genommen wird. Es fehlt hier der Geist Paul Tillichs, dem Kroeger eigentlich gern folgen will. Anstelle der Einsicht, dass Gott größer und tiefer und mehr ist, als die von außen betrachtete religiöse Praxis manchmal ahnen lässt, spürt man hier oft traurig machende Negation, Subtraktion, Reduktion.

Ähnlich wirkt auch das Buch von *Klaus-Peter Jörns* »Notwendige Abschiede. Auf dem Weg zu einem glaubwürdigen Christentum«, 2004. Auch hier wird es als »notwendig« bezeichnet, sich von etwas zu verabschieden, weil es nicht »glaubwürdig« sei. Und was nicht glaubwürdig ist, sagt eben der Autor. Nun ja, wir hatten oben schon einmal davon gesprochen.

Als ich in Göttingen Theologie studierte, teilte ich mein Zimmer mit einem Studenten der Musikwissenschaft und Germanistik, den ich schon von der Schule her kannte. Gelegentlich begleiteten wir uns gegenseitig zu Vorlesungen. Da sagte er eines Tages: »Ihr redet von Gott, als wenn es euer Onkel wäre.« Das blieb mir haften.

Später war ich in Italien als Pfarrer tätig. Da lud mich ein jüdischer Ingenieur aus der Nachbarschaft zur Einweihung seines neuen Hauses ein. Am Eingang, am Türpfosten, befand sich, wie es üblich ist, die Mezuzah, ein Kästchen, etwa so lang wie eine

Hand und so breit wie anderthalb Finger. Durch ein Fensterchen sieht man ein aufgerolltes, beschriftetes Blatt. Auf dem steht das »Höre Israel ...« (5 Mose 6,4–9) geschrieben. Das war mir vertraut. Aber als wir im Haus die Treppe hinaufstiegen, sah ich an der Wand ebenfalls eine Mezuzah, und auf der stand außen in hebräischen Buchstaben der sehr seltene Gottesname el-sadai. Ich war überrascht und sagte zum Hausherrn: »Ich weiß wohl, dass Sie häufig das heilige Tetragramm (JHWH) an besonderen Orten anschreiben, aber dass Sie auch den Namen el-sadai verwenden, sehe ich zum ersten Mal.« Als ich diesen Namen aussprach, schreckte der gebildete Naturwissenschaftler zusammen und ging in die Knie. Dann richtete er sich wieder auf, atmete durch und sagte freundlich zu mir: »Ach, Sie dürfen das ja sagen. Sie sind ja Christ.« Das war die ungewöhnlichste Vergebung, die mir je zuteil wurde.

Spüren Sie aus meiner kleinen Erzählung, welche Dimension uns weithin verloren gegangen ist? Dabei liegt sie uns so nah – in der ersten Bitte des Vaterunsers »Geheiligt sei dein Name!«. Vielleicht hilft es uns mehr zur Befreiung unseres Lebens und zu tragendem Glauben, wenn wir häufiger nur die erste Bitte des Vaterunsers still aus uns aufsteigen lassen, als wenn wir uns mit dem Begriff eines »Non-Theismus«, der dazu im Ansatz ein uraltes theologisches Problem ist, herumquälen.

b. In der Philosophie

Vor etwa 20 Jahren, also 1998, schrieb *Alain Badiou* (geb. 1937), Dichterworte übernehmend (»Gott ist tot«, deutsch 2. Aufl. 2007, 9): »Es ist geschehen, ... es ist vorbei. Gott, mit ihm ist es aus.« Und: »Dass Gott tot ist, will heißen: er ist nicht mehr dieses Lebende, das man trifft, wenn die Existenz durch ihre eigene Transparenz hindurchgeht« (10f). »Was überlebt, ist nicht mehr die Religion, sondern ihr Theater.« »Es handelt sich alles in allem darum, mit jedem Versprechen Schluss zu machen« (18). »Die Schlüsselfrage ist sicherlich, das Unendliche von seinem jahrtausendealten abgekarteten Spiel abzulösen und es, wie die Mathematik uns seit Cantor auffordert, der Banalität des Vielfach-Seins wieder zurückzugeben. Denn die angenommene Transzendenz des metaphysischen Gottes wird gemäß einer Naht zwischen dem Unendlichen und dem Einen konstruiert« (19).

So sieht denn Badiou in diesem zweihundertseitigen Buch den kurzen Prolog mit der Überschrift »Gott ist tot« nur an als ein Freiräumen des Weges für eine von mathematischem Denken getragenen »Ontologie des Übergangs«. Damit will er gründlich aufräumen. Und er meint, dazu brauche er nur zu konstatieren: »Unsere Zeit ist sicherlich eine Zeit des unumkehrbaren Verschwindens der Götter. Aber dieses Verschwinden fällt in den Bereich von drei unterschiedenen Prozessen, da es drei Hauptgötter gibt, denjenigen der Religionen, denjenigen der Metaphysik und denjenigen der Dichter.« Und »da wir uns auf die dreifache Absetzung der Götter eingelassen haben«, werden wir nun frei für das Hier als den »Ort des Werdens der Wahrheit« (21).

So ganz allerdings ist Badiou dann doch nicht von seinem sieghaften Hymnus überzeugt. Über *Jacques Lacan* (1901–1981), auf den wir noch zu sprechen kommen werden, sagte er z.B., er sei der Meinung, »dass es recht eigentlich unmöglich ist, mit der Religion Schluss zu machen« (9).

Und Lacan ist bei Weitem nicht der Einzige, der nicht in Badious Konzept hineinpasst. Als Beispiel möchte ich auf einen Vortrag zu sprechen kommen, den *Gianni Vattimo* (geb. 1936) im März 2002 in Berlin gehalten hat (Gianni Vattimo, Richard Schröder, Ulrich Engel, »Christentum im Zeitalter der Interpretation«, 2004). Kernaussagen dieses Vortrages sind etwa folgende: Seit Nietzsche und Heidegger ist die Erkenntnis unumgehbar, dass es keine Tatsachen gibt, sondern nur Interpretationen. Das gilt auch für religiöse Aussagen. Nur durch angemessene Hermeneutik sprechen die heilsgeschichtlichen Berichte, die Metaerzählungen, zu uns. Aber so tun sie es eben auch. Und so können wir annehmen, »dass unsere Existenz insofern von Gott abhängt, als wir hier und heute unsere Sprache nur sprechen können und unsere Geschichtlichkeit nur leben können, insofern wir ständig der Botschaft antworten, die uns die Bibel überliefert hat« (a. a. O. 30). Und so liegt jetzt »unsere einzige Überlebenschance als Menschen im christlichen Gebot der *caritas* beschlossen« (31).

Aus der Antwort, die *Richard Schröder* (geb. 1943) von der Berliner Humboldt-Universität dazu gab, sind u.a. zwei Einwendungen besonders wichtig:

Erstens gibt es nicht nur Interpretationen, sondern nur interpretierte Tatsachen. Darum sind nicht alle Interpretationen gleichrangig. Und im hermeneutischen Zirkel verändert sich durch Reflexion und Korrektur die Interpretation. Das bewahrt uns vor einer totalen Relativierung und lässt die Frage nach der Wahrheit nicht verschwinden.

Zweitens: Wenn Vattimo allein die Liebe »als den von keiner Entmythologisierung zerstörbaren Kern des Christentums« (38) bezeichnet, trifft er damit nicht ins Schwarze; denn vor dem, was ich tun kann, steht das, was Gott für mich getan hat. »Wenn also die *Liebe* den Kern des Christentums bezeichnen soll, dann müssen wir dabei zuerst an Gottes Liebe denken, nicht an unsere. Dass Gott selbst in sich Liebe ist, das bedenkt die christliche Trinitätslehre.« »Fällt dieser Zusammenhang auch unter das Verdikt über die Metaerzählungen? Dann würde ich mit Trotz reagieren: ›meinen Jesum lass ich nicht‹« (39).

Starke Einflüsse, die das Reden von Gott und christlichen Glauben haben fragwürdig werden lassen, gingen, wie wir schon gesehen haben, von Freud aus. In Jacques Lacan hat Freud seinen vielleicht bedeutendsten Schüler und Verwandler gefunden, der wiederum einen weitgehenden Einfluss ausgeübt hat. In unserem Zusammenhang hier ist er deswegen wichtig, weil seine Haltung gegenüber der Religion wesentlich differenzierter ist als die Freuds. Wir beziehen uns hier auf seine Büchlein »Der Triumph der Religion« und »Der Diskurs an die Katholiken« (deutsch 2006). Das erste Stück ist das Ergebnis einer Pressekonferenz in Rom 1974, das zweite der Text zweier Vorlesungen in Brüssel 1960.

Dieser Abschnitt nun über Lacan steht hier unter der Überschrift »In der Philosophie«, obgleich er selber es ablehnt, ein Philosoph zu sein (85). Analytiker sei er, sagt Lacan. Aber trotzdem lehrt er. Und das hat auch philosophische Relevanz. »Ich betreibe keine Philosophie, ich hüte mich im Gegenteil davor wie vor der Pest. Wenn ich vom Realen spreche, tue ich das, weil mir dies ein Grundbegriff zu sein scheint, um etwas in der Analyse zu verknüpfen, nur das ist nicht das Einzige. Es gibt noch das, was ich das Symbolische, und das, was ich das Imaginäre nenne. Ich halte daran fest, wie man an drei Bändern festhält, welche die einzigen sind, die mir mein Treiben erlauben« (89).

In diesem Begriff des Realen finde ich das, was sein Wirken so wichtig hat werden lassen in der Berührung mit der Religion. Seine Definition stößt den, der verstehen will, zunächst vor den Kopf: »Das, was geht, ist die Welt. Das Reale ist das, was nicht geht« (67). Ich versuche eine eigene Beschreibung, auf das Risiko hin, mir eine Blöße zu geben: Das Reale ist der Riss in meiner Welt, durch den mich ständig der Hauch dessen anweht, das immer auf mich wirkt und das mir doch entweicht, das ich nicht fassen oder benennen kann.

Von der Religion nun, speziell von der römisch-katholischen, sagt Lacan, sie verstünde sich auf Sinngebung, sie verstünde »Sinn derart zu verbreiten, dass man wahrlich gut ertränkt ist« (72). Das heißt doch, die Sinngebung verschließt den Riss und lässt damit das Reale unmerklich werden, bis es wieder aufbricht, dieses, »dem wir uns nicht direkt stellen können, da seine unmittelbare Präsenz uns zu sehr blenden würde,« so *Slavoj Žižek* (geb. 1949) in seinem Büchlein »Das Reale des Christentums« (2006, 24). Mir fällt dazu die unheimliche Geschichte von Jakobs Kampf am Jabbok ein (1 Mose 32,23ff). Žižeks Darlegungen »Das Reale des Christentums« münden schließlich in die Aussagen: »Unsre radikale Erfahrung der Trennung von Gott ist genau jenes Merkmal, das uns auch mit ihm vereint – nicht in dem üblichen mystischen Sinne, dass wir uns nur durch eine solche Erfahrung gegenüber der radikalen Andersheit Gottes öffnen, sondern in einem ähnlichen Sinne wie in Kants Aussage, dass Erniedrigung und Schmerz die einzigen transzendentalen Gefühle seien. Es ist anmaßend zu glauben, ich könne mich mit der göttlichen Glückseligkeit identifizieren – nur dann, wenn ich den unendlichen Schmerz der Trennung von Gott erlebe, teile ich eine Erfahrung mit Gott selbst (Christus am Kreuz)« (59).

Vielleicht hat uns der Begriff des Realen mit seiner Ungreifbarkeit erinnert an Jacques Derridas »différance«. Derrida verwendet aber noch ein anderes Wort, das etwas Unfassbares bezeichnet. Er findet es in Platons Begriff der »Chora« im »Timaios«. (Derrida schreibt »Khora«.) Das meint den Ort, an dem die Nachbilder der ewigen Wesenheiten zur Welt kommen, den Ort, an dem, in den sie sich einprägen. Es ist schwierig, darüber zu sprechen, denn man weiß nicht, ob dieser Ort sinnlich oder intelligibel ist (J. Derrida, »Wie nicht sprechen. Verneinungen«, 2. Aufl. 2006, 66). Aber wenn man von der Chora eigentlich auch nur sagen kann, was sie nicht ist, so macht sie doch »die Bildung des Kosmos möglich« (67).

In seinem Buch »Wie nicht sprechen«, das auf einen 1987 in Jerusalem gehaltenen Vortrag zurückgeht, setzt sich Derrida, von der Chora ausgehend, nun sorgfältig mit Texten von *Pseudo-Dionysius Areopagita* (um 500) und *Meister Eckhart* (1260–1329) auseinander und auch mit *Martin Heidegger* (1889–1976). Dabei wird deutlich, dass einerseits die Theologie via negationis, die negative Theologie, und andererseits die Frage, ob der Begriff des Seins auf Gott als den Ursprung des Seins überhaupt angewendet werden dürfe, eine sowohl sehr alte als auch höchst aktuelle Problematik ist, wie wir einige Seiten zuvor bei dem Blick auf Matthias Kroegers Buch gesehen hatten.

Derrida schließt seine Erwägungen »Wie nicht sprechen« mit Gedanken und Fragen zum Gebet. Darin heißt es: »Hat man das Recht zu denken, dass das Gebet – reine Adresse am Rand des Schweigens, fremd jedem Code und jedem Ritus und folglich jeder Wiederholung – niemals durch eine Notation oder durch die Bewegung einer Apostrophe, durch die Vervielfältigung der Adressen, von seiner Gegenwart abgewendet werden dürfte? Dass es jedes Mal nur einmal stattfindet, und dass es niemals aufgezeichnet werden dürfte? Aber vielleicht ist auch das Gegenteil richtig. Vielleicht gäbe es gar kein Gebet, gäbe es gar nicht die reine Möglichkeit des Gebetes ohne dieses, welches wir als eine Bedrohung oder eine Kontamination erahnen: die Schrift, der Code, die Wiederholung, ... Wenn es eine reine Erfahrung des Gebets gäbe, brauchte man dann noch die Religion und die Theologien, die affirmativen oder die negativen? Brauchte man dann noch ein Supplement für das Gebet? Aber wenn es kein Supplement gäbe, wenn das Zitat nicht das Gebet falten/beugen würde (*pliait*), wenn das Gebet nicht faltete/beugte (*pliait*), sich nicht der Schrift gemäß faltete/der Schrift beugte/in die Schrift schickte (*se pliait*), eine Theologie, wäre sie möglich? Eine Theologie, wäre sie möglich?« (110f).

c. Also doch: Reden mit Gott

So vernehmen wir es aus den vorangegangenen Seiten: Leben von unserem Ursprung, reden mit ihm als unserem Gegenüber. Und auch dieses möchte ich wieder nicht mit eigenen Worten entfalten, sondern mit denen eines anderen. Das hat den Vorzug, dass Sie als Leser die Möglichkeit haben, sich mithilfe der Arbeiten des Zitierten ausführlicher, als es der Platz hier erlaubt, der Thematik zu widmen.

So lege ich nun das über tausendseitige Buch »Atem des Lebens. Band 2. Die Seele. Zwischen Angst und Vertrauen«, 2007, von *Eugen Drewermann* (geb. 1940) neben mich. Drewermann, promovierter Theologe, arbeitet als Psychotherapeut, der vornehmlich an der Tiefenpsychologie C. G. Jungs orientiert ist. Er hat sehr viel geschrieben und veröffentlicht. Und dabei nehmen Auslegungen biblischer Texte einen breiten Raum ein. Mir ist es dabei lange so gegangen, dass ich sie nicht als Bibelauslegungen erkennen konnte, sondern dass ich immer nur sah, wie er die Bibel als Bilderbogen und Beispielkästchen zur Illustration seiner psychotherapeutischen Einsichten verwendete. Aber nach der sechshundertsten Seite dieses Buches hier neben mir stieß ich endlich auf das, was mich erkennen ließ, was Drewermanns Arbeit trägt und ihr das Ziel gibt: Es ist die personale Gottesbeziehung. Um das jedenfalls in Kürze darzustellen, brauche ich mich gar nicht auf das zu beziehen, was er über die Seele schreibt. Auch möchte ich nicht wiederholen, was hier früher schon mit Bezug auf Buber und Ott zur Sprache kam. Aber eine Bemerkung zu inzwischen Überholtem kann ich mir doch nicht versagen:

Auf Seite 619 schreibt Drewermann, der Einwand von Wolfhart Pannenberg »gegen die dialogische Auffassung der Person als eines Ich-Du-Verhältnisses« sei ihm schwer verständlich. 1961 habe Pannenberg erklärt, die Buber'sche Scheidung zwischen Ich-Du-Beziehung und Ich-Es-Beziehung sei undurchführbar, weil erstere sich immer nur im Medium eines gemeinsamen Sachbezuges entwickeln könne. Aber genau dieses hat Pannenberg schon 1983 in seiner »Anthropologie« (174ff) und dann 1988 im ersten Band seiner »Systematischen Theologie« (461) revidiert, indem er auf das »zwischen« Ich und Du waltende Geheimnis verweist und Buber recht gibt.

Aber nun möchte ich mit einigen Kernsätzen Drewermanns personalen Gottesglauben umreißen: »Mit einem Wort: nur wer bereits von Gott ausgeht, vermag ihm am Ende wider allen Augenschein auch diese Welt zuzutrauen; nur wer an Gott bereits glaubt, ist imstande, die Welt als ›Schöpfung‹ wahrzunehmen. Und so stellt sich natürlich die Frage, welch ein Grund uns nötigen sollte, einen unbeweisbaren Gott trotz allem zu glauben. Das Paradox ist: Ein solcher Grund sind einzig wir selbst. Die Ungegründetheit der Person ist recht eigentlich der Grund der Gottesidee.« »Die Person ... von außen ableitbar, ist für sich selbst etwas zutiefst Unableitbares, Fragwürdiges, zum äußersten Riskiertes« (625f).

Dann spricht Drewermann von dem »Urvertrauen« als einem »Psychischen Apriori«. Das ist wohl der Angelpunkt seines theologischen Konzepts.

Und weiter sagt Drewermann, entgegen Freud lege C. G. Jung dar, dass der auf dem Urvertrauen aufgebaute Gottesglaube nicht ein infantiler Rest sei, »sondern im Gegenteil die einzige Form ihrer (sc. der Unmündigkeit) Überwindung«(628). »Im Glauben an Gott geht die Entdeckung eines absoluten Personseins der Idee eines absoluten Seins ... unbedingt voraus.« »Das also glauben wir, wenn wir glauben an Gott: dass die Erfüllung einer unbedingten, umgreifenden Güte, von der wir selbst als Person leben, in der absoluten Person Gottes immer schon realisiert ist ... Gott muss es geben als diejenige Instanz, die als letzte über den Sinn und den Wert unseres Personseins entscheidet, indem sie die Geschichte unsres Lebens zu Ende erzählt« (629).

In diesem personalen Gottesglauben sieht Drewermann auch den tief greifenden Unterschied zwischen Christentum und Buddhismus.

10. Streit um Gott?

Als sich seit 1989 die Ost-West-Spannungen aufzulösen begannen, atmete die Welt auf. Ein umso größerer Schock war es, dass sich alsbald völlig anders motivierte Streitigkeiten und Kriege ausbreiteten. Religion wurde jetzt als Streitpotenzial und Risikofaktor ausgemacht. Und man rief sich wieder ins Bewusstsein, wie viele Religionskriege es schon in der Vergangenheit gegeben hat. Aber dass so etwas in unserer Zeit wieder aufflammen könnte, hatte man für ausgeschlossen gehalten. War die Religion nicht schon totgesagt worden? Und dass sie nun ihre Lebendigkeit ausgerechnet mit Krieg und Gewalt wieder vor Augen führte! Vom Christentum her gesehen erschien doch Gewaltanwendung wie eine Selbstwiderlegung. Nun ja, im Islam ist das offensichtlich anders, konstatierte man. Aber wie stand es um die Katholiken und Protestanten in Nordirland? Man wusste schnell zu erklären, dass es da im Grunde nicht um Religion ging, sondern um andere politische und gesellschaftliche Feindschaften, die jeweils nur ihre religiöse Konfession als Symbol auf ihre Kriegsfahnen geheftet hatten.

Aber lassen wir das einmal so stehen. Ich nehme an, dass von den Lesern dieses Buches sowieso niemand anfällig ist für Kreuzzugsaufrufe. Und ich glaube auch nicht, dass sich irgendein einsichtiger Mensch vom Christentum abwenden wird, weil es Religionskriege gegeben hat oder gibt.

Nun lesen wir aber in Jesu Bergpredigt, dass die Gewalt nicht mit der Tat beginnt, sondern mit Zorn und Schimpfwort (Matthäus 5,21ff). Und dazu wird es immer wieder auch unter Christen kommen, obgleich wir wissen, dass es gegen den Geist Jesu ist. Also immer friedlich einer Meinung sein? Keineswegs! Ausagierte Antipathien und ausdiskutierte Meinungsverschiedenheiten, das sind grundverschiedene Arten von Differenzen. Meinungsverschiedenheiten hat auch Jesus mit seinen Zeitgenossen wie z. B. »Pharisäern und Schriftgelehrten« oder Paulus mit seinen Briefempfängern ausgetragen. Meinungsverschiedenheiten sind ein Zeichen von Engagement, sind ein Zeichen davon, dass den Beteiligten nicht alles egal ist. Nur wer seine eigene Sichtweise zur Sprache bringt und anderes hinterfragt, nur wer andere fragt, kann seine eigene Erkenntnis verbessern. Und dazu gehört natürlich die Bereitschaft, etwas anzunehmen und sich selber zu verändern. Totale Übereinstimmung in einer Gemeinschaft kann auch Friedhofsstille sein. Das hat zu der Erkenntnis geführt, dass es notwendig ist, die rechte Streitkultur zu erlernen, die von Respekt, Nächstenliebe und Demut getragen sein muss. Und in dieser Weise ist die Debatte um den Gottesglauben unerlässlich.

Ein gutes Beispiel dafür haben wir gesehen in der Antwort von Richard Schröder an Gianni Vattimo einige Seiten zuvor. Es lohnt sich, unter diesem formalen Gesichtspunkt den ganzen Text im Original zu lesen.

Und ein wunderbares Beispiel für diese Art des Aufeinander-Zugehens habe ich gefunden in dem Gespräch zwischen *Hans-Georg Gadamer* (1900–2002) und Jacques Derrida (»Der ununterbrochene Dialog«, 2004). Darin geht es nach Form und Inhalt gerade um dieses Thema. Wir können gar nicht genug dafür tun, verhärtete Fronten zu vermeiden und Unterschiede fruchtbar werden zu lassen.

Wie leicht man sich dagegen vergeht, zeigte mir folgende kleine Begebenheit. Als im Zuge der Neuerstellung einer Verfassung für die Europäische Union der »Gottesbezug« diskutiert wurde, fragten Reporter etliche Bundestagsabgeordnete nach ihrer Meinung. Da antwortete einer kurz mit angezogenem Kinn: »Gott? Sagt mir nichts.« Noch nach Jahren ist mir mein Gefühl gegenwärtig, das ich dabei hatte: verletzt, beleidigt. Er sagte mir also, der ich vor dem Fernseher saß, ich habe mein ganzes Leben auf etwas Nichtssagendes gesetzt. Wie kann ein gebildeter Volksvertreter, der unsere Kulturgeschichte doch kennen müsste, so antworten? Weiß er es nicht besser oder will er verletzen? Und ich? Wieso lasse ich mich provozieren? »Toleranz« bedeutet »ertragen«, weder mit geschlossenem Visier noch mit Gleichgültigkeit.

Aber nun möchte ich auch auf ein innertheologisches Streitbeil zu sprechen kommen, das immer wieder aus der alten Truhe gehoben wird. Es heißt »Monismus«. Ich hatte das früher schon angekündigt.

Christian Wolff soll den Begriff zuerst verwendet haben als Gegenüber zum »Dualismus«. Der Dualist nimmt zwei Grundsubstanzen an, Geist und Materie. Der Monist hingegen nimmt als Grundsubstanz nur entweder die Materie oder den Geist an. Der materialistische Monismus, besonders auch durch den 1906 gegründeten »Deutschen Monistenbund«, stellte zunächst eine scharfe Gegnerschaft gegen die Religion dar, weil er einen Schöpfer ausschloss. Diese Ablehnung eines Schöpfers wurde dann auch vielfach dem idealistischen, also geistigen Monismus unterstellt. Dabei ist im Prinzip durch den Begriff des Monismus nur etwas über die Welt und nicht über einen Schöpfer ausgesagt. Unter Theologen aber wurde doch mehr und mehr das Wort »Monismus« zu einem Ketzeretikett. *Heinz Zahrnt* (1915-2002) z. B. hängt es Paul Tillich an (»Die Sache mit Gott«, 1988, S 371). Und er teilt in demselben Buch mit, *Paul Althaus* (1888–1966) habe Karl Barth eines »Christomonismus« geziehen (123). Ja, mit »Monismus« lässt sich sinnlos streiten!

Paul Tillich wiederum, der von Zahrnt den Ketzerhut bekommen hat, sortiert die monistische Landschaft etwas anders und rückt »Pantheismus« und »Monismus« zusammen. Vom Pantheismus haben wir früher gesprochen, und ich möchte das nicht noch einmal aufnehmen. Aber ich möchte darauf aufmerksam machen, dass die Eins und die Zwei aus den Begriffen Monismus und Dualismus sich unmerklich verschoben haben. Während ursprünglich damit die »Grundsubstanzen« Geist und Materie gemeint waren, werden sie nun auf »Gott« und »Welt«, »Schöpfer« und »Schöpfung« verteilt. Und da im Pantheismus, welcher Art auch immer, Schöpfer und Schöpfung nicht wirklich unterschieden werden, wird dieses Konzept »monistisch« genannt.

Hegel dagegen sieht es in seinem idealistischen System so, dass sich über der Natur das Reich des Geistes erhebt in Gestalt des subjektiven, des objektiven und des absoluten Geistes. Der absolute Geist ist die letzte, höchste Wahrheit allen Seins, ist Gott, ist das reine Sein, welches »zur Schöpfung sich entschließend« (Logik I, 70) den Prozess der Entwicklung und Selbsterkenntnis des absoluten Geistes in Gang setzt, »worin das Erste auch das Letzte und das Letzte auch das Erste wird«. Es ist also ein Kreislauf, wohlgemerkt *ein* Kreislauf, nicht eine ständige Wiederholung! (ebd.) Und Schöpfung und Anfang bestehen im »Hervorbringen eines Anderen« (86). Das ist nicht mythologisch, sondern logisch-spekulativ zu verstehen und wird erkannt durch den sich selbst erkennenden subjektiven Geist, der aber eben nur ein Durchgangsstadium im Prozess des sich selbst erkennenden absoluten Geistes darstellt. So sind wir Menschen wohl ein Anderes, ein Gegenüber Gottes und doch ein – vorübergehender – Teil seiner selbst.

Und darum ist es im Hinblick auf Hegels System nicht unberechtigt, von einem das Absolute und die Welt umfassenden Monismus zu sprechen. Pannenberg schreibt: »Der Hegel'sche Monismus des absoluten Geistes« könne »die selbstständige Existenz endlicher Wesen, auch endlicher Subjekte, nur als Durchgangspunkte der Entwicklung des Geistes gelten lassen« (Syst. Theol. III, 574). Die Eschatologie ist hier aufgelöst in die Rückkehr. »Die Ewigkeit Gottes ist dermaßen ausschließlich ›seine eigene‹, dass er sie im Aufheben der Zeit ... lebendig hervorbringt: als eine mehr-als-zeitliche Selbstgegenwart, in der alles zeitlich und zeitlos Vergangene ewig aufgehoben ist« (*Joachim Ringleben*, geb.1945, »Lebendige Ewigkeit«, in: O. Reinke, Hg., »Ewigkeit?«, 2004, 156). Die naturphilosophischen Konzepte, in denen Gott als »Weltgeist« oder ähnlich mit der Welt zu einem Totalmonismus zusammengefasst wird, und die damit aber doch einen weiten Abstand zu Hegel haben, sind gegenwärtig vielfältig und beliebt.

Dafür, dass es auch anders geht, möchte ich auf ein bemerkenswertes Beispiel verweisen. Dazu nehme ich das Buch »Die Evolution des Geistigen«, 2008, von *Thomas Görnitz* (geb. 1943) und *Brigitte Görnitz* zur Hand. Thomas Görnitz war Physikprofessor in Frankfurt, Brigitte Görnitz Psychotherapeutin. Sie stellen in ihrem Werk fest, dass es zum ersten Mal in der Geschichte der Naturwissenschaften möglich wird, »Materie begrifflich auf etwas zurückzuführen, das tatsächlich verstehbar ist – nämlich auf abstrakte Quanteninformation« (18). Diese »Information« ist äquivalent mit »Energie« und »Materie«. Daraus lässt sich folgern, dass unsere »Gedanken als Quanteninformation den gleichen Realitätsgrad« besitzen »wie Quantenteilchen im Gehirn, wie beispielsweise ... Protonen, deren Verteilung mit der Kernmagnetresonanztomographie ... beobachtet werden kann« (20). Wenn nun der Begriff der Information so abstrakt gefasst wird, dass dabei weder Sender noch Empfänger noch Bedeutung mitgedacht werden, so wird Information zu einer absoluten Größe. »Absolut« ist dabei im mathematisch-naturwissenschaftlichen Sinn gemeint.

Mit diesem Konzept der absoluten Quanteninformation, die nun *Protyposis* genannt wird, kann jetzt »die abstrakte Quanteninformation als fundamentale Substanz gedacht werden« (21), als Urgrund des Seienden. Und weiter formulieren die Autoren: »*Information ist zu interpretieren durch ein ihr in der kosmischen Evolution eingeprägtes Streben nach Selbstkenntnis.*« Damit muss die kosmische Entwicklung nicht mehr als eine »›ziellose Angelegenheit‹ erscheinen« (21). Es »wird vielmehr die Vorstellung möglich, dass Evolution eine fort-laufende Veränderung im Kosmos von einfachen Systemen hin zu immer komplexeren ist, zu solchen, die schließlich in die Lage kommen, über diese Evolution und ihren möglichen Sinn nachzudenken« (22).

Alsdann aber markieren die Autoren deutlich die prinzipielle Grenze der Naturwissenschaft: »Eine naturwissenschaftliche Betrachtung der Welt kann aus sich heraus nicht leisten, die Existenz der Welt zu begründen und ihr einen Sinn zu geben« (23).

In dem zwanzigseitigen Ausblick auf Religion und Transzendenz am Ende des Buches, in dem auch die Theologen Josef Ratzinger und Wolfhart Pannenberg und der Physiker und Philosoph *Carl Friedrich von Weizsäcker* und der Philosoph *Thomas Metzinger* zitiert werden, findet sich dann allerdings die über den Rahmen der Naturwissenschaft hinausgehende Aussage, man könne »mit der Protyposis ›den Logos als den Grund von allem‹ durchaus denken« (347).

Eine solche Äußerung ist keine naturwissenschaftliche. Aber ein Naturwissenschaftler ist auch nicht nur Naturwissenschaftler und kennt darum Fragen, die über seine Fachwissenschaft hinausgehen und nach angemessenen Antworten verlangen.

Aber, so fragen wir angesichts oft so divergierender Aussagen über Gott, welchen Sinn hat es überhaupt, von Gott oder Nicht-Gott Aussagen zu machen? Meine Aussagen ändern doch nichts an der Wirklichkeit! Kann ich nicht schlicht sagen: Ich glaube, was wirklich ist, auch ohne zu wissen, was wirklich ist? Das heißt, ich beziehe mich mit meinem Wesen auf die mir letztlich unbekannte Wirklichkeit.

Fragwürdig ist in dieser respektablen Position der Satz: »Meine Aussagen ändern doch nichts an der Wirklichkeit!« Nach quantentheoretischen Erkenntnissen übt jede vertretene Ansicht einen Einfluss aus. Nach dem Hegel'schen Konzept ist es die Bestimmung eines jeden Geistes, sich dem absoluten Geist zuzuwenden. Und nach der Einsicht von Hegels schärfstem Kritiker Kierkegaard ist es des Menschen höchste Vollkommenheit, Gott nötig zu haben. Und es gibt weiterhin vielerlei Überzeugungen davon, dass ein sich selbst und die Welt erkennendes, bewusstes Dasein eine übergeordnete Qualitätsstufe von Dasein darstellt, die diese ihre besondere Qualität verlieren würde, wenn sie sie verleugnete.

Daraus ergibt sich, dass Erkenntnis und Anschauung kein in sich abgekapselter, bedeutungsloser Leerlauf sind, sondern dass darin alles Dasein seine höchste Qualitätsstufe oder auch seine Bestimmung erreicht. Sind wir uns dessen bewusst, so bekommen unsere Aussagen über Gott und die Welt einen Charakter der Klage oder Anklage oder aber des Lobpreises und der Dankbarkeit. Der Kultus wird zur »Doxologie« (Lobpreis) und zur »Eucharistie« (Danksagung), das »Credo« (Glaubensbekenntnis) wird zum Gotteslob. Das Lied und die Musik verwandeln Wort und Antwort zu gemeinschaftsstiftender Anbetung. Die Welt, in der es so viel Kampf, Bitterkeit und Daseinsverneinung gibt, braucht diesen hellen Klang.

Abgeschlossen am Trinitatisfest 2008

Personenregister

Abraham	23, 24, 25, 30
Althaus	129
Ambrosius	42f, 105
Anaxagoras	23, 24
Anselm von Canterbury	53, 95f
Antiochos-Epiphanes	32
Aristoteles	50f, 53
Arius	41
Athanasius	43
Augustinus	43, 46, 53, 68ff, 72, 84
Badiou	115f
Barth	44, 53, 94ff, 106, 129
Basilius von Cäsarea	42
Benedikt XVI.	94
Boëthius	44
Bonhoeffer	110f
Bruno, Giordano	57, 58
Buber	101, 121, 122
Camus	87
Cantor	115
Dalferth	102f
Daniel	32, 104
Dawkins	38
Derrida	101, 119f, 127
Descartes	96
Dilthey	87
Dionysius Areopagita	119
Drewermann	121ff
Duns Scotus	54
Ebeling	102, 104
Eckhart, Meister	58, 119
Eco	12
Elia	12
Engel	116
Esser	72
Feuerbach	13, 72ff
Frankl	85f, 87
Freud	80ff, 87, 100f, 117, 122
Gadamer	127
Gardavský	112
Gestrich	102
Goethe	18
Gogarten	88, 90, 96ff, 98
Görnitz, B.	130ff
Görnitz, Th.	130ff
Gregor von Nazianz	42
Gregor von Nyssa	42
Hegel	60ff, 72, 76, 78, 102, 129f, 132
Heidegger	17, 116, 119
Hermann	46
Herzog	112
Hesiod	22
Hiob	30ff
Hiskia	16
Höffe	50, 52
Hölderlin	17
Homer	22
Isaak	24
James	100
Jörns	104, 113
Jung	84f, 122
Jüngel	59, 71, 106
Kant	35, 55, 62, 96
Kierkegaard	892f, 132
Kroeger	112, 113, 120
Küng	60, 73
Lacan	101, 116ff
Laios	25
Leibniz	34f, 96
Lessing	91f
Luther	12f, 16, 18, 33f, 98, 104
Martelli	12
Martini	12
Marx	80
McGinn	107f
Mead	100
Metzinger	132
Moltmann	675, 112
Nietzsche	76ff, 116
Nikolaus von Kues	57
Ödipus	24f, 26
Ott	9, 110, 121

Otto	17f
Pannenberg	43f, 54f, 122, 130, 132
Parmenides	108
Paul, Jean	77
Paulus	12, 32, 40, 127
Petrus	39
Platon	22, 24, 119
Ratzinger	45, 132
Reinke	16, 44, 107, 112, 130
Ringleben	130
Rist	78
Rosenzweig	101
Sartre	87f
Saul	84
Scharfenberg	80ff
Schleiermacher	62, 72, 102
Schmidbaur	45
Schröder	116f
Sokrates	22, 24, 28f
Sölle	110f
Sophokles	25, 28f
Spinoza	57ff, 60, 61
Teiresias	25
Tertullian	106
Thiede	35, 47, 77, 79
Thomas von Aquino	45, 52ff
Tillich	18, 107, 113, 128f
Tugendhat	12f
Uhsadel	85
Vattimo	116f, 127
Weizsäcker	132
Wenz	9, 12, 64
Wilhelm von Ockham	54
Wittgenstein	99
Wolff	90, 128
Xenophanes	22
Zahrnt	128f
Zinzendorf	90f
Žižek	118f

Bibelstellenverzeichnis

1 Mose 2,2f	68	Matthäus 26,63ff	39
1 Mose 32,23ff	118	Matthäus 28,19	40
4 Mose 21,49	16	Markus 1,21-28	39
5 Mose 6,4-9	114	Markus 4,11	106
1 Samuel 9-11	84	Lukas 5,8	39
1 Könige 18,20-46	12	Lukas 8,10	106
2 Könige 18,4	16	Johannes 1,1ff	39, 102
Hiob 42,5	32	Apostelgeschichte 17,16–34	12
Psalm 10	30	Römer 8,16	40
Psalm 14,1	95	1 Korinther 1,23	30
Psalm 22,2.7.8	31	1 Korinther 2,1; 2,7; 4,1	105
Psalm 31,11	71	1 Korinther 8,6	39
Psalm 53	31	1 Korinther 13,2	105
Psalm 63,4	112	1 Korinther 15,13	32
Prediger (Kohelet)	30	2 Korinther 13,13	40
Jesaja 45,15	34	Philipper 2,6ff	40, 46
Ezechiel 37	32	Kolosser 2,2	105
Matthäus 5,21ff	126	Hebräer 1,2	39
Matthäus 11,3	33	Hebräer 3,11	68
Matthäus 13,11	105, 106	Hebräer 4,1-11	68
Matthäus 16,13ff	39